강최현숙 시집

숲속 헌책방에서

숲속 헌책방에서

인쇄 · 2025년 9월 8일 | 발행 · 2025년 9월 12일

지은이 · 강최현숙
펴낸이 · 한봉숙
펴낸곳 · 푸른사상사

주간 · 맹문재 | 편집 · 김수란, 지순이
등록 · 1999년 7월 8일 제2-2876호
주소 · 경기도 파주시 회동길 337-16(서패동 470-6) 푸른사상사
대표전화 · 031) 955-9111(2) | 팩스 · 031) 955-9114
이메일 · prun21c@hanmail.net
홈페이지 · http://www.prun21c.com

ⓒ 강최현숙, 2025

ISBN 979-11-308-2322-5   03810
값 13,000원

- 저자와의 합의에 의해 인지는 생략합니다.
- 이 도서의 전부 또는 일부 내용을 재사용하려면 사전에 저작권자와 푸른사상사의 서면에 의한 동의를 받아야 합니다.
- 이 도서의 표지와 본문 레이아웃 디자인에 대한 권리는 푸른사상사에 있습니다.

푸른사상
시선
212

숲속 헌책방에서

강최현숙 시집

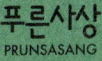
푸른사상
PRUNSASANG

| 시인의 말 |

손톱처럼 자라나던 시간이 담겨 있고
입에서 자꾸 맴돌아 지울 수 없었다

반려 시
한 다발 묶어서 안부를 전하고 싶었다
그대 창가에 살짝 두고 오겠습니다

당신을 생각할 뿐 당신을 볼 수가 없다

누구나
기다림이 해결되었으면 좋겠다

2025년 가을
강최현숙

| 차례 |

■ 시인의 말

제1부　푸른 우물가

흙수저로 빚어주세요	13
장날	14
지구 이동	16
초록	18
푸른 우물가	20
품다	22
누구보다 당신이 필요합니다	24
그 여자 하이힐	26
수의에는 호주머니가 없다	28
하얀 눈 밟아서는 안 된다	30
휴지통	32
검정 잉크	34
쪽잠	36
태백 고지에서	38
삶에서 죽음으로	40
엄마와 아가	42
희방폭포	43

제2부 엄마와 나팔꽃

술이 중얼거린다	47
숲속 헌책방에서	50
새벽 종소리	52
동생	54
엄마가 보고 싶으면 사과밭으로 간다	56
양말을 벗는다	58
여름 결핍	60
이런 생각도 하면서	62
엄마와 나팔꽃	64
인연	65
억지 춘양역	66
아버지를 읽다	67
이팝	68
쑥떡 쑥떡	70
손수건의 기록	71
손자 하미니	72
불면의 밤	74
손	76
시는 뒤돌아보지 않는다	78
엄마 손 두부	80

| 차례 |

제3부　부석사 노을

소나기	83
묵상	84
빨강 털실	86
부석사 노을	88
바다는 여름이었고 나는 겨울이었다	90
령	92
늪	94
부부	97
바다 효과	98
몽당연필	100
만개	102
마라의 지배	104
비 오는 오후	106
바늘귀	108
목련꽃 아래에서	110
말 냄새	112
마른 꽃	114
무섬 외나무다리	116

제4부 검정 교복

각설탕	119
은둔으로 오는 봄	120
강탁구	122
검정 교복	124
고등어	126
결혼 행진	128
그 십자가	130
들꽃 한 송이	132
그러한 것이 그러하다	134
따뜻한 슬픔	136
각설이	138
꽃씨	139
당신을 공부합니다	140
노랑	142
기다리겠습니다	144
달맞이꽃	147

■ 작품 해설 전원과 도시적 삶이 교차하는 공간에서
　　　　　　부르는 노래 - 구본결　　　　　　　　148

제1부

푸른 우물가

흙수저로 빚어주세요

흙 한 줌 당신 손에 놓겠습니다
금수저
은수저도
차라리 흙으로 돌아갈 것
흙수저로 빚어주세요

흙에서 나서
흙으로 살다가
흙으로 돌아가는 것
그저 흙 속에서 꾸는 꿈

그 누구에게나 흙냄새가 납니다
마른 대지 위에 소나기 냄새가 납니다

당신의 손에 수저로 일용할 양식을 먹으며
밥의 온도로 사랑하고 싶어요

흙 속에 진주가 당신입니다

장날

까망 콩 세 되 내다 팔려고
걸터놓은 마루 끝에
고양이 오물오물 세수를 한다

동생 업어주며 앞마당 소제나 하라는
엄마 당부 돌 담장을 넘는다

콩을 얼른 머리에 이고
먼저 산 지름길로 내려와
길모퉁이 숨어서 엄마를 기다린다
조밀한 공간 속에 볼거리가 그리웠다

시오리 길
종종걸음으로 걷고 걸었다
길만 보고 걸었고 엄마만 보였다

검정 고무신 벗어버리고
하얀 리본 고무신 갈아 신고

산길 따라 돌아오는 길

하늘 닮은 붓꽃이 보였다
산새 소쩍소쩍 울고 있었다

지구 이동

누군가 사라지고 또 사랑으로 오고 있다
남겨진 모더니즘 눈물이 눈동자를 보호한다

물의 이동 그 경로를 따라 사랑도 변하고
사람은 꽃처럼 바람을 이기고 서 있다

아픔 뒤에 늘 기쁨이 기다리고
계시록으로 남아 있다

분자가 되기까지 수많은 것들로 예민해져 있다

누구나 끌리는 대로 이동하고 있다
이동하지 않는다면 부패되어간다

꽃들이 사람에게 고개 숙이고 있다
사람은 꽃을 사랑한다

깊은 희열이 늘 부끄러운 나를 이끈다

땅으로 떨어지는 꽃씨 가을로 숨어 있다

당신의 경륜이 사람 속으로 지나가고
조금 더 섬세하게 이동하는 중이다
모두
동그라미 안에서 잘 지냈으면 좋겠습니다

초록

매복되었던 어둠은 시간을 씹고 있다

슬프지도 않고 가난하지도 않고
조용한 고요가 가볍지만은 않고
초록은 늘 혼자이지 않는다

첫사랑은 어둠 속에서도 조용하고 환했다

난관에 처해 있을 때 초록이 위로하며 까닭이 되었다

수련이 가득했던 습한 연못 꽃빛은 사람에게
충분한 예의를 다하고 이기적이고 창백한 얼굴을 씻는다

초록을 잘라내면 초록이 나오고 초록 물이 고이고
도마뱀 꼬리처럼 잘라도 잘라도 초록은 더 진한
초록이 되어 있다

꽃의 안부가 궁금하면 초록 물을 마셔도 된다

초록이 깃든 붉은 가지는 꽃을 피워낼 것이다

만유 속 허허로운 데생은 미완의 자화상을 꿈꾸며
꽃 안개로 일어나기 시작한다

초록을 좋아하면 초록이 되고 초록을 만지면
초록 물이 배어 나와서 아리고 슬프다

푸른 우물가

억울한 날 눈물 파장으로 물이 흔들리고
서러운 힘으로 줄을 당겨서 그 이름을 건져 올리고 싶었다

물의 깊이를 바라보며 어두움 반대편 밝음을 생각했다

신발에 떨어진 별을 차며 해가 넘어가고 돌아오는 길

엄마를 보는 순간 눈물이 툭툭 뚝 떨어졌다
하늘에 별이 너무 많아서 시선이 닿은 반경은
깊고 어두워서 우는 모습을 숨길 수 있었다

어디에서 왔고 어디로 가고 있는지
긴 끈처럼 꼬여 있는 슬픈 밧줄을 감당해야 했다

고여 있는 이끼는 서로의 등을 내어주며 살아내고
절벽에 매달려 어두움을 이겨내고 있었다

검은 슬픔 속에 갇혀서 손을 기다리며 순환하길 원했다

생명을 끌어당기는 서로의 본능이 휘청거리고 있었고
수많은 전설이 지진처럼 울컹거리고 있었다

품다

석양을 분홍으로 품고
엄마는 아기를 젖으로 품는다
통통한 아기의 발목, 젖 위에 놓인 아기 손가락

외로움이 슬픔을 품고 기쁨이 웃음을 품고 그대가 품은 여자

첫눈이 겨울을 품고 사랑이 이별을 품는다

들꽃이 이슬을 품고 바람이 향기를 품고
바다가 파도를 품고 눈물이 미움을 품는다
입술이 말을 품고 빛이 어둠을 품고

삶은 고난을 품는다

몸이 영혼을 품는다

빨강 장갑이 손을 품듯이 사랑이 용서 품고 웃는다

손자는 강아지똥 동화책을 손에 품는다

시인은 시를 품는다

큰 슬픔 기쁨으로 품고 대지가 사람을 품고 있다

누구보다 당신이 필요합니다

흙에다 바람을 불어넣고 기쁨에서 절망도 하면서
무표정으로 바라만 보고 있습니다

생성된 의지를 감당하기까지는 강하지 못하고
형상을 입고 거리를 거닐고 있는 걸음 사이로
당신 닮은 형상들이 걸어가고 있습니다

사랑이 통하지 않는 세상이 무섭기만 하고
웃음은 잠시 식탁 위에서 목구멍처럼 풍성하고
슬픔으로 오늘만 절망하겠습니다

바른 생각으로는 이해하기가 힘이 들고
하루에 여러 번 외로움에 익사하면서
기어오르며 숨으로 동맥이 찰수록 당신으로 살아갑니다

당신 앞에서 무릎을 세우고 답을 알아보고 싶습니다

완전한 고요 앞에 존재하는 것은 당신뿐입니다

깨어진 질그릇의 조각이 뒹굴고 있습니다
부서진 그릇을 정상처럼 만들어주어야 합니다

죽음보다 더 강한 당신의 이름으로 오늘을 끌고 갑니다
사람은 당신을 멀리할 이유가 없습니다

모든 것에 모든 것이 강한 바람으로 스쳐 지나가도
더한 갑절로 당신이 필요합니다

당신 외에 부수적인 것들은 버립니다
순간순간 당신이 필요합니다

당신을 가진다면 다 가진 것이 됩니다

그 여자 하이힐

사람들 속으로 당당히 걸어서 오늘로 들어간다
누구도 그 소리에 반응하지도 않으며
길에서 만난 선택은 아우성으로 남발하고 서로 지나서 간다

한 여자
습관을 따라 어둠 속으로 발가락을 숨긴다
젖은 머리카락 빙빙 꼬며 지나간다
볼륨이 살아 있다
봄꽃 냄새가 난다

위선된 도취에도 주어진 시간을 배신하지 않으며
두 발이 말하였고 빨갛게 통통한 입은 웃기만 하면 된다
몸밖에 고통을 알지 못한다

기억하는 하루 동안 흔한 사건들이 지나갔다
텅 빈 손에 의미와 고난이 깃들어 있다
발은 심장의 피를 받아내고 있다

환기적인 순간에도 꽃은 자라나고 있었다
환상통 속에서도 방황하지 않고 견디어낸
발을 씻는다

수의에는 호주머니가 없다

바람의 세계는 차갑고 지구적이다
아무런 광경을 볼 수 없는 팽팽한 그늘은 싸늘하다
욕심도
이별도
먼지이어라

건네주지 못했던 편지 야위어가는 뒷모습
간직했던 꿈들이 너무 작아져서 이름을 지우며
한 번도 깊은 속을 보여주지 않았다

비밀로 목이 긴 슬픔이 숨어 있다

냇가에서 주워 넣었던 조약돌에 손금이 묻어 있다

전희적인 힘을 가져와 수많은 말들을 주워 넣었고
주머니 속으로 잃어버린 것은 없다

두 손이 따스하다 손에는 온 마음이 다 들어 있다

내가 주머니를 데리고 다니는 걸까
주머니가 나를 데리고 다니는 걸까

육신은 늘 외롭고 손가락 사이로 밀착되고
고난 뒤에는 늘 푸른 새벽이 기다리고 있었다

수의에는 호주머니가 없다
상상했던 시간은 낡지 않아도 참 쉽게 깨어진다

어두운 포연 속에서 누가 감싸줄 것인지
열 손가락

내가 만들어놓은 것은 아무것도 필요하지 않다
지문처럼 변하지 않는 것이 물질을 이루고 있다

하얀 눈 밟아서는 안 된다

나무는 수건을 쓰고 성스러운 의식 속에 있다
눈 속에는 하얀 별이 숨어 있다
눈을 맞으면 눈사람이 된다

붉은 심장으로 내리고 조용해서 순식간에 사라지고

상투적인 언어는 눈 속으로 날려 보내고
붓처럼 흐늘어지는 길로 새 발자국이 선해지고

사람은 늘 갇혀 산다는 것을 모르고
눈이 오고야 성 안에 있다는 것을 안다

한때는 친구라 생각했는데 떠나간 이들이며
어디에서 새처럼 살고 있는지 새는 돌아오는 길을 안다

하얀 창공으로 마음을 전할 수 있을는지 의심을 믿어본다

눈은 의무처럼 내린다

하얀 눈을 거부하는 누구도 없다

안개꽃 모자를 쓰고 눈으로 습한 카페를 가고 싶다
풍경에 어울리는 사람과 커피를 마시고 싶다
잠깐이라도 잠시 착하고 순결해지기로 한다

그의 이름도 잊었다 그가 나를 잊었기 때문에
스스로 반사된 전심의 그림자인지 잊어져간다

스스로 사라지는 것은 아픔이 되지 못하고 다만 아쉬움이다
마음은 길을 찾았고 몸은 길을 잃었다

더러움을 거절하는 방어로 하얀 눈이 작동한다
멸균으로 흰 눈이 얼마나 깊은지
한 입 먹어보고 싶다

휴지통

재사용을 위해 기억을 헤집어도
아무것도 남는 게 없고 쓸 것이 없다

구역질 났던 감정은 무덤 속에서 부패되어가고
살아남는 길은 그를 죽이고 버리는 일이다

좀비처럼 비틀거리니 불가능한 언어가 집을 찾아서
되돌아와도 들어갈 틈이 없다

버린 말을 먹은 짐승들 이글거리는 눈동자
살아서도 죽고 죽어서도 또 죽음으로 돌아갈 것들이며

이슬을 먹고 더 독기를 퍼부은 뱀들이 우글거린다

버려진 것들에 빈혈로 물구나무서기를 하고
잊어야 하는데 버리지 못한다면
해묵은 규칙에 걸려서 길을 잃을 뿐이다

다시 복구할 수도 없는 영혼의 끝에서
살해당하는 것들이 어두운 곳에서 모의하는 중이다

검정 잉크

처음 마주한 날 검은 옷을 입고 있었지

누구나 모두 기억하기 어렵지만 마주친 우연
미련이 남아 있어서 흘려 쓴 것들에 마음을 담아본다

뼈에다 살을 붙여줄게

보이지 않는 것 보려 하지 말고 그냥 말을 적어서 보내줘
진실일수록 검은 말이 번지고 있었다

빙의처럼 깊은 어둠은 묻어두지 말고 이해하려 한다

말하고 싶을 때 너무 짧은 느낌은 영역을 전달하기에 한계가 있어서
떨어지는 말을 받아 검은 리본 달아준다

검은 눈을 가진 여자 이마에는 상처가 그어져 있다

운명은 무기력에서 탈영되지 못하고 날개 안에서 빛나고
파동을 안으로 숨죽이며 몸의 얼룩을 닦아내고 있다

그대에게 전하고 싶은 말들을 적어본다
안으로 들어갈수록 넓어지는 세계 길이 보인다

쪽잠

흔들지 마세요
지금은 늘 고요해서 낮의 정적이 포근합니다

당신을 아끼고 목숨처럼 소중합니다
수국꽃이 꽃병에서 좀 쉬어 갈게요

사랑만 받고 나누지 못해서 미안해 눈을 감고 있을 뿐
눈을 뜨면 무늬가 선명해져 한 날은 계속될 뿐

손 편지 쓸 시간 없어서 그리워합니다

잠깐이면 모든 것이 모든 것에 이별이 오겠지요
슬픔이 온 천지에 가득할 때 그때 더 사랑할게요

간헐적 대화이며 사이이며 연결이고
흑백사진처럼 희미하고 선명하다가 흐려지고

죽음보다 더 깊은 잠이 몸으로 말랑한 촉감을 주네요

오후 시간 늘 짧고 가벼운 잠
영원한 잠에서 돌아오지 못할 날도 있겠지요

태백 고지에서

열차를 기다리고 있다
오른쪽으로 흔들리며 목이 길어진다

고흐 귀를 닮은 검은 별 손가락 사이로 떨어진다

오늘도 무사히
불평으로 퇴적되어버린 하루의 형식을 버리게 한다

당연하게도 태연하게 무사했던 어제 그제 수많은 날
부끄러운 순간이 많아도 아무렇지 않게 서 있다

지하 보물 같았던 그대들이며
침묵과 싸웠던 미완의 혁명 대지 속으로 숨어 있다가
목격된 것은 남들처럼 잘 살아내고 싶은 본질이었다

석탄보다 따스한 검붉은 빛은 어디 또 있을까

발자국 따라 모락모락 피어나는 혼불

난간 없이 올라가야만 했던 종점
이름 적힌 철모 환승을 기다리던 눈빛이 돌아다니고 있다

영웅 없는 거리는 초라한 기운만 가득하고
멀리 와서 멀리 돌아가야 했던 시간표가 남아 있다

검은 섬이 흔들리고 있다

삶에서 죽음으로

 오늘 할 수 있는 것은 이것뿐 깊이 생각하고 사랑하고 용
서하고
 사람 바다에 얼굴을 묻었다

깊은 심연으로 한 사람이 내려갔고 검은 카네이션 하나
심장에서 떨어져 모양을 잃었다

영혼을 담는 그릇이 부서지고 조각들이 흩어졌다

그까짓 것으로 시기 질투했던 덧없음이 작아지게 한다

한때는 젊고 향기롭고 서로 안녕을 주고받았고
이제는 문밖으로 멈추어서 흐르지 않고 있다

한번은 누구에게나 불편한 것들을 맞이하여야 한다
평등함에 대해서
공평함에 대해서
슬픔에는 다리가 흔들거리고 형상이 이리저리로 흩어져

한 줌 바람으로 하얀 수풀이 되어간다

흙으로 왔다가 흙이 되고 흙으로 돌아가는 것들에서
순서가 없는 익숙지 못함에 서로 먼저 순서가 되어야 한다

빛으로 상승하는 옛 기억은 영혼 불멸인 듯 생생하다

눈이 울고 있다
진짜 슬프다면 눈물이 보이지 않는 것이라지만
그래도 연한 슬픔이 남아 있어서 울면서 악수한다

한 생을 깊이 묻는다

꽃씨 한 알 슬픈 발화를 안고 떨어진다

한 사람이 쌓은 성은 모두 회색 바람이 되고
몸은 날아가고 뒤돌아서서 검은 경례를 한다

엄마와 아가

엄마를 기다리다가 아기는 잠을 잔다
아기별 담요 위에서 곤히 새록새록 눈물이 또르르

엄마 기다리며 햇살 공주 이야기 듣는다

아기는 땅에 몸을 기대고 목소리를 기다린다
하얀 발가락에 모래도 흙도 묻지 않았다

엄마 젖으로 반짝이는 아기
뽀얀 젖이 묻어 있는 작은 입술

분홍 혀
절박했던 아기가 스르르 눈을 감고
엄마를 꼴깍 꿀꺽 먹고 있다

신의 손가락으로 그린 점 하나 누워 있다

희방폭포

흔들리지 않는 허공으로 손이 자란다
휘감기며 완벽한 울림을 지켜볼 뿐이다
바위 위에
꽃잎 위에
무지개 위로
웅성거리는 풍경 깊은 바닥을 향해

천상에서부터 푸르고 투명하고 아침빛 같은
변방으로 우뚝 선 외침이며
감동은 언제나 뒤에 머물러 있다

온몸으로 추락하며 정결하고 엄위하며
훗날의 회한 같은 목소리 앞에 서면
함박꽃 한 잎 두 잎 수직으로 떨어진다

귀인의 지휘로 하늘에서 땅끝으로
도돌이표로 내려앉는다

제2부

엄마와 나팔꽃

술이 중얼거린다

지배를 당한 몸은 조용히 혼으로 모두 받아들인다
어둠이 길이 되어서 눈에는 실핏줄로 희미하다

투명한 안개를 만들고 비처럼 휘청거리게 하고 무너져 내리며
기억하지 못하는 어제는 이별이 된다

다가서고자 하면 할수록 멀어져가는 생각과 마음의 간격 사이
기둥으로 넘어지지 않으려 격자창에 기대고 있다

아침이 찾아오기에는 많은 시간이 멈추어 있고
한 발로 선 한 사람 성급했던 무게는 홀로 모두 짊어지고 있다

밑그림을 그린 자리에 색감이 들어가고 명암은 어둡기만 하고
창작으로 자유로이 거침없이 토해내었던 그 시간

속으로 들어온 또 다른 습함을 제거하기 전에는 마침표도 맹세도
　안으로 말려드는 시간 위에서 부질없는 감정은 떨어진 꽃이 되고
　스스로 만든 흠이 있는 말들은 늘 구석에서 발효를 기다린다

　잊고 싶었던 기억은 저절로 사라지고 어둠을 비추는 거울이 되고
　순간은 수많은 맹세와 허무로 또 여백으로 남아 맹세는 늘 맹세로
　뇌를 속이며 묻어버린 말들을 모두 지워버린다

　온통 마취되어서야 위안이라 믿고 싶고 뚜껑이 없는 술병 속으로
　함께했던 시간이 어색하고 남자를 수행하게 한다

　무엇이든 절반은 맞고 절반을 틀리고 흐린 기억도 본인이 만든 의식이며

무엇이든 취해야 살아 있는 자신을 잊을 수 있다고 믿고 싶고
허무한 시간을 잊기 위해 취하고 살기 위해 취한다면

숲속 헌책방에서

멈추었던 시간이 누워서도 앉아서도 기다리고 있다
숲은 잠들어 있어도 많은 말들을 품고 있다

긴 침묵은 누구의 입속에서 말이 될 수 있을까

역사는 흘러오고 흘러가고 시간 밟고 걸어온 사상이
아직도 못다 한 이야기를 하고 있다

사람 곁에 있어야 빛이 되는 것들이 있다
죽은 사람 책 곁에도 빛이 났다

별처럼 빛났던 언어 새것이 없는 하늘 아래에서
남은 이야기는 무덤 안에 흰개미로 더듬거리고 있다

 그 누군가 내려놓음은 가지려는 자에게 돌아오려는 환희이며
 긴장된 것들로 소용돌이치며 절박했던 순간 그 통증을 지나서

지금은 휴전 중이다

서가와 서가 사이를 지나며 말을 잠그고 한 권 책이 되어 본다

세월은 흘러버린 것이 아니라 동일하게 유행처럼 여전히 지금도
과거가 될 준비를 하고 돌고 돌아갈 시간
여기에서 경계의 순간은 늘 출발이며 재구성이다

그 누가 서서 생각에 잠겼을 그 자리에 나도 지금 서 있다면 훗날
그 누군가 나를 읽고 밑줄 칠 그 행간에 서 있는 것이 아닐까

* 충북 단양군 적성면 현곡본길 46-106 새한서점.

새벽 종소리

하얀 눈 따라나선 뒷집 똥개는 눈길 위로 길을 내어주었고
달이 따라오고 눈이 붙은 신발, 성탄의 밤은 춥고도 따스했다

두 손으로 기다리며 잠은 미뤄두고 축복의 말 음악 같은 사람들
깜깜한 길을 열며 지나갔고 하얀 새벽은 완벽해서 충분했다

결빙된 불빛 사이로 추위를 이기며 벌판을 지나 깜박이던 내일
사랑은 비겁하지도 않았고 침착하고 진심은 절규하지 않아도 차분했다

한적한 광야처럼 고요했고 별들은 그렇게 빛이 나서 영혼의 넓이로
채워가고 있었고 뼈 속에 잔해로 남아 있다

이야기하며 걸었던 그 밤길 아무도 앞서지 않았고 멀어지

지도 않았고
　고요하고 가볍고 혼자가 아니었다

　그 질서는 특별했고
　비밀을 열고 들어가는 길로 안내했다

동생

   산길로 뒤따라다니며 지금도 내 등에는 그 따스함이 남아
있다
   걷다가 업어주기도 하며 들꽃을 꺾어주었다

   소나기처럼 무엇으로 젖어야 했던 시절

   현실을 메마르게 하는 온도는 몸에 숨어서 육성의 추억을
만들고 있었고
   사랑은 견디는 힘이며 시작이며 사색이 되었다

   각자의 길에서
   늘 한 방향대로 자주 가고 오지는 못해도 기도가 문안이
되고

   슬픈 감정을 지니고 사는 것이 인생이라지만
   완벽에 가까운 순수는 늘 몸과 마음이 아파했던 기억이
많다

   깊은 강을 지나 바다로 만날 때 푸른색이 비슷해서

하늘 아래 살아가고 있다는 것은 위로가 되어주기도 한다

마음이 아파 견딜 수 없는 날 목소리조차 슬퍼서 안부도 지워버리고
세상을 이기지 못하는 그 눈빛에 눈물 흘러내리고

가을이면 땅으로 떨어지는 소리
겨울이 오면 제자리로 돌아가는 소리

가장 어둡지도 밝지도 않은 시간에
너의 목소리는 늘 정직했다

한 성분으로 네가 힘들면 나도 우울해서
슬픔의 춤으로 이리저리 방황하기도 하며
무겁기도 하고 야윈 짐을 져야 하는 무게가 아직도 있다

외로워도 이기는 힘은 닮아 있어서 말하지 않는 것이 말이 된다

엄마가 보고 싶으면 사과밭으로 간다

그곳에는 다시 시작하고 싶은 표지가 있다
엄마 수채화가 그려져 있다

양손에는 나무 무늬가 묻어 있었고
증발시킨 시간들은 늘 그 자리에서 맴돌며 풍경이 되었다

가을빛은 선명하고 분명하고 충분해서
빨강 윤곽 모서리는 예민하지만 단단하다

사과가 익어간다
연약한 사람들이 해야 할 일은
가을이 얼마 남지 않았음을 알면 되는 것이다

푸른 몸 안으로 햇살이 들어가 붉은 등을 만들고
하얀 사과꽃잎은 살 속으로 유영하고 있다

숱한 환상을 어기며 비바람이 지나가도록 기다려준 시간
바람이 불면 붉은 사과가 떨어질까 하루가 흔들렸다

상처 모양이 지나간 자리 새들의 깃이 묻어 있다

쉽게 부서지지 않는 사랑을 가르치고 있다

사과는
꽃에서부터
나무에서부터
사람에게서부터
사과였을까
스스로 있었던 것일까
신은 아무 말도 하지 않았다

엄마는 홍옥처럼 살았다
엄마를 먹으면 맛이 있다
엄마가 보고 싶으면 무작정 사과밭으로 간다

붉기 전에도 사과는 사과였다

양말을 벗는다

얼굴에서 가장 먼 거리에서 솔리스트처럼
힘줄에 홀로 서서 시간을 소화하며 속도로 감싸며
톱니바퀴로 늘어진 스프링 장착처럼 최소한의 거리로 멀어져 있다

발은
멋진 날들 위에 정해진 검객의 의무처럼 어둠 속에서 지켜내고 싶은
태도에 순응하며 감싸주었던 살냄새로 숨어 있다

몸의 부분이 되어 살결로 전하는 매일의 안부 속으로
하루 무게로 더 힘들었을 것들로 무한히 전진에 대해
크레인처럼 올라앉아 머리만 사랑하고 비로 젖게 하는데
발은 늘 안전하고 큰 성을 지키고 있다

거리는 빈 깡통 소리로 요란해도 두 발 믿고 망아지처럼
공상 속에서 살아갈 때도 메마르고 민첩했던 모습은 늘

담담하고 등대처럼 멀리 생각하는 저녁은 따스했다

엄지발가락을 포옹하는 손가락이 작다

열병의 심장은 잠잠하고 어둠 속 웃음도 고요하고
소중한 것을 뒷발질하며 멸시하며 살아왔고 살아가고
양말을 벗듯 가면을 벗어버린다

좁은 곳에서 몸을 감당했던 두 발 폴더처럼 접어서 쉬게
한다

날마다 죄인의 발 씻기를 원하시는 이여
두 발을 씻어주었고

여름 결핍

사랑은 차갑게 식어간다
배꼽이 자꾸 넓어져가고 해산을 앞둔 여자가 목이 마르다

꼭 물이어만 되는 것에 대해서 생각해본다

하늘 향해 기도한다
두 손이 비어 있는 자만이 할 수 있는 행위이다

두발도 메말라버리고 노랑 현기증으로 휘말리며
가난한 비를 기다린다

저마다 운명이라지만 한나절 소나기라도 온다면
애처로운 필연 같은 기다림 눈동자를 깊어지게 한다

무엇이 비에 좌우되는 것같이 비 한 방울이
사람을 지배하니 초라하고 소리는 말라서 날카롭다

꽃밭 사이로 길이 보이고 꽃들은 향기를 잃었다
웃자란 대궁 사이로 조약돌이 칼이 되어 있다

마루 끝에 걸터놓은 맷돌
어깨 위로 무거운 오후로 낮잠을 잔다

눈물이 비가 될 수 있다면 소리 내어 하루 종일 울고 싶다

개 헛바닥이 타고 햇살이 내려와 그릇을 핥는다
뿌리들은 힘을 다해 물을 기다린다

번식을 위한 피조물들이 이제는 고개 숙인다

분꽃이 돌아서서 죽어간다는 것은 꽃들의 슬픔이며
메마른 혀끝에 한 방울 그 한 방울 물이 당연한 익숙함은
아니다

꽃은 서서 눕지도 않고 꽃으로 죽어가고 있다

건조한 시
상상 끝에 매달려서 감성을 잃었고 방황하고 있다

이런 생각도 하면서

좋은 기억으로만 달리는 뇌
주어진 것들이 선물이 아닌 것이 무엇인지

이해와 슬픔의 연륜 사이로 무덤이 되고
바람을 한데 모아서 가두어두리만치 부질없고
생이 한 곳에만 뿌리내리지 않아서 자유롭다

나그네로 살아가자고 바람이 말을 한다

시간에도 방울이 달려서 소리를 내고 말의 씨앗들이
표정을 만든다

절망에 굴복하지 않고 견딜 만한 온도 수직으로 잠시 쉬어간다

겨울꽃이 피어 있다
그 아픔의 정신을 감고 잎들이 투명하다

씨앗의 진실은 혼자 투신하지 않는다

눈동자는 서로 마주할 때 부드럽게 빛이 난다

첫눈이 참 오랜 시간 내리고 있었고 하얀빛으로 쉬고 있다
그 자리를 지나가는 길모퉁이에 웅크린 눈사람
각자 모양으로 조금씩 녹아서 내리며 서로 인정한다

일들은 일어나고 지난 것은 또 평가받는다
몸은 조용히 유별난 일들을 경험하며 무엇으로 닮아 있다

누구와도 슬픔은 함부로 나누지 않는다
나누면 힘을 잃고 색이 옅어지고 손이 더 길어진다

혼자가 더 강하다

엄마와 나팔꽃

엄마는
맏이인 나를 꽃으로 키우셨다

키 작은 나를
꽃처럼
담을 넘을 만큼 어서 자라라고

얼른 커서 동생에게 푸른 잎이 되어주라고
높은 줄을 매어놓고

숨겨둔 나팔을 꺼내 아침마다 불었다

인연

멀어져야 아름다운 것들이 있다
누구나 그만큼의 길이가 있다

사상으로 쌓였던 먼지 공중으로 분해되면서
생이 털어지고 있다

이 시대 시인은 죽었다고 말하지 말자

살짝 이해하기 힘들고 우울해도 비틀거리지 말자
아직은 더 살아내야 하니까

몸은 별을 머리 위에 두고 땅 위에 서 있다
캄캄한 새벽으로 오는 아침은 더 맑고 단단하다

말이 입속에 남아 있고 허우적거리고 선택을 기다린다

완벽하게 죽어서 다시 태어나고 싶다

억지 춘양역

울적한 날 그곳에 가면 먼 듯한 동그란 기찻길
굴렁쇠 기적 소리
빤히 보이는 진동이 몸을 휘감는다

텅 빈 허공 사이로 긴 머리카락을 풀어헤친 울음
산을 지나 들을 넘어서 정해진 길을 따라 달려서 온 흔적
들꽃이 묻어 있다

수많은 무게와 사연 싣고 각화사 은은한 풍경 소리
살아내는 서러움 안부들이 궁금하다

금강송
어디에 가서 뉘 잠들어 쉬게 하는 관이 되고
고대광실 곽이 되어 역사 앞에 도도하게 서 있는가

인연이 오고 갔던 발자국 위에
춘양목 한 그루
입이 무거운 역장으로 서 있다

아버지를 읽다

올라갈 수도 없는 산이라고 고개 숙이고 바라만 보며 살았는데
이젠 작은 오솔길에서 잡아보는 야윈 손

단풍이 높은 산머리에서 발치로 물들어 내려오듯
붉은 단풍이 되어 책갈피에 내려 앉았다

거칠고 빠른 물살을 헤쳐 홀로 건너오신 강 언저리
속 깊은 눈빛 노을에 젖어 그늘이 깊은 고목나무
줄을 서 날아가는 새들 바람길을 열어주었다

물 흐르는 방향 따라 마음 줄 튕기며
풍경 소리 내며 새벽 강으로 흐른다

정확한 무게로 무섭기도 고요했던 그 자리에서
한 권 책으로 낮잠을 자고 있다

아버지를 몇 번이고 읽고 읽는다

이팝

사람 속에 사람처럼
꽃 속에 꽃처럼
꽃을 이해하려면 꽃이 되어야 돼

말하지 않아도 그 말을 알고 있는 듯한 하얀 꽃
꽃보다 사람이 아프다

별빛 사이로 와르르 꽃잎이 쏟아진다
나무가 기울고 지구는 집요하게 잡아당기고 있다

유년
배고픈 기억 속으로 쌀독이 넘어졌다
그 아이는 지금도 허기에 허덕인다
꽃이 없는 꽃길을 걸어오신 엄마였어

비가 꽃 속을 지나간다
비를 맞으며 또 하나 입이 생겨나고
말들이 꽃으로 둥둥 떠내려가고 있다

입속 분홍 혀
꽃으로 휘날리고 꽃 몸살이 나고 이해하지 않을래

발치에서 멀어지고 우정이 우정을 쓰다듬을 때
이별처럼 그렇게 나무에서 멀어져갔다

쑥떡 쑥떡

풀들이 일어서는 길섶으로 숨어 있는 벌레들이며
모양을 바꾸는 초록 잎들 사이 잔가지들이며
덤불 속으로 수군거림이 많아졌다

고요하게 들꽃을 피우고 있다
피어나고 사라질 성장들이 느려서 좋다

쑥이 한 뼘 길이 즈음에 떡을 해주려 아버지는
한나절 들판을 짊어지고 왔다

찹쌀과 쑥을 넣은 절구질 곁에 앉아서
두 손은 따스했고
콩가루에 떡을 굴려서 먹던 5월

엄마 손은 고단하고 향이 나고 맛이 있었다

떡이 굳어질 즈음
하얀 아카시 꽃이 피어나고

손수건의 기록

작은 꽃잎 모양이 각으로 목이 잘려서
제자리 찾지 못하는 무거운 무게 같은 숨결
접힌 간격 사이로 빠져나올 수 없는 시간
구겨진 햇살 하품으로 여유롭다

지구는 이마 땀으로 흘러내린다

입을 가릴 수 있는 손수건 한 장
이브를 가렸던 무화과잎 한 장

남자 냄새는 압화처럼 타인으로 향했던 편견이
정직할 때 입술을 닦았다

말과 입 사이에서 뒤엉킨 것들은 입이 아닌 피부로
숨을 쉬면서 번지는 묵직한 얼룩

소리 없던 순간이 물들어 있다
물질과 마음 사이에 말이 묻어 있다
숨어 있는 노랑 꽃 냄새

손자 하미니

6월 속으로 왔다
아주 먼 곳에서 고요하고 당당히 왔다

깊은 호흡은 메아리가 생기지 않았다

가슴으로 품어서 소리가 나지 않았고
한 뿌리에 붉은 꽃말을 손으로 쥐고 있었다

잇몸이 야물어지고 하얀 이가 올라오고 흰 살에 뼈들이 자라고
조금씩 손에 힘이 생기고 서투른 말로 문을 열어가고 있다

홀로 같이 걸어가는 길을 배워간다
여기
거기
그리고 종종
두 발에 꿈이 들어 있다

목소리가 날마다 탄생되고 있다
내일이 섬세하고 부드럽다

그 꽃을 바라보며 웃는다
저마다 소질이며 소리이며 그 나라가 있다

날카롭지 않은 새싹이 자라고 있다
울음이 먼저이다가
물음이 먼저이다가

불면의 밤

밤이 말을 걸어오고 두 귀는 말을 거절하며 무게를 거절한다

이슬은 아침 꽃을 더듬거린다

위장도 비시시 살아 일어나 달 방향으로 밑그림을 그리며
욕구 따라 움직이고 심장은 붉은색으로 채색되고 있다

한번 자고 일어나면 영원한 잠 기다리고 있고
흠 없는 영혼이 없듯이 어둠이 주는 고요
빛이 이끄는 대로 이동한다

전선처럼 타고 왔던 그 말들이 힘을 비웠고 그 웃음
그 격렬했던 경험들이 어두운 유배지에서 길을 잃었다

아침이 오기 전에 각성으로 일어나 손으로 힘을 모으고
깊은 생각은 길을 잃고 어둠이 더 어둠을 불러오기도 한다

검은 뉘앙스는 눈썹까지 무겁게 하고 어둠 세계를 뚫고
어지러운 부분들을 포기하고 싶었던 표면이 거칠기만 하다

겁 없이 접근하고 사랑했던 순간 바람이라 이름을 붙이고
이유는 만들고 있지만 답을 정확하게 구사하지 못한다

어떤 이의 숨결인지 안개 같은 새벽이 아롱지며 무너지고
있다

아침이 오면 머리를 감는다
아직은 죽지 않았고 시작하고 싶다

죽어야 하는 것들은 뿔을 달고 형상으로 살아 있고
죽지 말라고 애원해도 갈 것들은 가고 있다

베어 먹은 어둠 내 안에서 소화되지 않고 있다
하루를 그렇게 기록했다

손

하고 싶은 말을 다 하고 돌아서도
마지막에는 차마 손을 내밀지 못했다

몸기운으로 몰두해 있는 순명 같아서
사랑은 손금 사이로 남아 있고
마음을 담는 그릇
깨끗한 생각으로
입김으로 남아 있어서 쉽게 눅눅한 손을 건네지 못한다

상상을 꼭 쥔 손은 늘 날아가는 새를 움켜쥐고
귀환이 없는 날들까지 에워 잡는 힘이 있다

앞뒤 알 수 없는 이야기를 품고 있고
의문의 예표처럼 비밀을 감추어두기도 한다

손으로 지우고 싶은 목록들 사이에도
어제의 흔적이 내일을 노래하기도 한다

유서를 쓴다 오른쪽 손으로 왼손에게

온갖 것들 위에 온갖 지시를 기다리며
손은 마음이 지배한 상태이다

당신의 말이 담긴 마지막 손이 언제였는지
손에 묻은 향기가 가끔은 생각난다

시는 뒤돌아보지 않는다

뒤돌아보지 않고 날아서 가고 있다

그 바람은 앞에서만 불고 뒤돌아보지 않고
창공을 지나 멀리 걸어가고 있다

흔들리는 손바닥 사이로 아픔이 매달려 있다
예측은 늘 닮아 있고 어느 적용에도 간격이 있다

비정한 결정 위로 비가 내린다

인사는 서로 마주하기도 하며 맹목적일 때도 있다

의미로 표백되어가며 감정을 휘감고 예언처럼
어느 시인의 여백으로 돌아가고 있다

떠나가라
떠날 것들은 떠나라

외로운 투영을 깔고 멀어져가고 있다
평등하게 왔다가 공평하게 돌아서 간다

다시 돌아올 거야

뉘 언어가 되려고 빙빙 배회하고 있다
마음을 털고 기다려본다
몸을 입고 돌아올 거야

엄마 손 두부

엄마는 해줄 수 있는 것이라고는
이것뿐이라며 무쇠솥 부엌에 등불을 걸었다

하얀 무늬는 거품을 물고 서로 밀치고 일렁이고 부글거리며
역류로 휘어져 익어갈수록 하얗고 순수했다

바람은 아궁이 쪽으로 불어와서 불길을 부드럽게 하고 있었고
헝클어진 결들이 둥글고 물컹하게 순간이 모여서 완벽했다

창문 같은 형틀 위에서 절박한 뜨거움으로 쉬고 있다

아버지는 마루 끝에서 뒷짐을 지고 있다가 두부 한 입 막걸리
한잔 드시고 입술 위에 말을 올려놓았다

젖처럼 부드러운 두부
해묵은 짠지로 먹으면 입천장에 붙어 있던 침이
혀를 부드럽게 감아서 햇살 묻은 가을로 먹었다

제3부

부석사 노을

소나기

아무도 침묵하지 않았다

강한 비도 첫 한 방울의 무게로 시작되었다
죽어 있던 것들이 벌떡 일어나 걸어가고 있다

무수한 간음과 스쳐 지나온 것들이 잎이 되어 떨어진다
온통 젖은 사람의 말은 진실되다

사람을 지배하고 강을 지나 바다로 가고 있다

몸을 적셔놓은 비는 따스하고 마지막 같아서
아름다운 창을 만든다

땅속으로부터 저 멀리 영원 속까지 스며든다
사색을 완성시키는 강한 힘을 품고 있다

오늘 비의 통계는 늘 비현실적이고
사랑은 현실적이어서 아름답다

묵상

직각의 시간들이 어깨를 작아지게 하고 있었다
생각 속에 저장되어 있던 말도 어제의 표현이며
건조한 삶이 타들어가고 있었다

검은 심장이 죽음에서 일어나 생각이 지배하는 영역으로
이동하고 이해하지 못했던 것들까지 일어나서 안으로 퍼
득인다

모든 것이 새롭게 수정되어가고 검은 눈동자에 붉은 눈물
혀는 영혼을 지켜내고 있다

입이 쉬고 있었고 신음이 말이 되었다

진실한 고백은 별의 곽처럼 모서리가 아프다

듣기가 힘들었던 귀 어두웠던 눈 증인이 되었던 입술
붉은 사슬에 먹이가 되어갔고 용서를 받고 싶다

아기는 웃어라
어른은 울어야 한다
단단해진 하루는 입술이 만들고 있다

말로 나를 지으신 당신 말로 당신을 말하려 합니다
피가 다 빠진 숨결로 입에서 발끝까지 당신을 기념합니다

빨강 털실

방울을 달고 빨강 털실 위로 고양이 지나간다
몸으로 옷을 기다리며 햇살을 공처럼 굴리면서

이별을 원하지 않지만 멀어지는 순간
보이지 않는 그림을 생산하고 있다

따사로운 숨결로 무엇이 되기 전에는 한쪽만 길어지는
수직의 허기로 시달린다

엄마 손에 남아 있는 뜨개질 따스했던 순간순간 늘 기억하며
한 올 한 올 거친 사랑이 가시처럼 찔려와서 손끝이 아프다

고구마 노랑 냄새로 익어간다
사랑하지 못하고 오해만 했던 맛으로 목구멍이 아프다

손가락 사이로 빨강이 지나간다

서두르지 않지만 순간은 흘러서 시간으로 쌓여간다
사랑하는 법을 마른 손끝으로 이어간다

탯줄처럼 생의 길이를 예감하고 있다
빨강 결 사이에 두고 하루가 조율되고 있다

부석사 노을

 친구와 언덕을 숨차게 올라도 넘어지는 노을을 건질 수 없었다
 붉은 감이 목젖에 걸려서 말을 할 수도 없었다

닻이 끊어지고 검은 구령으로 슬며시 넘어지고 있었다
늪에서 빠져나올 수 없는 것들에 대해서 생각해본다

팍팍했던 것이 부드럽게 입속으로 넘어가듯이
해는 넘어지고 넘어가는 것에 대해서
표현이 서툴기만 해서 마주 보며 침묵으로 서 있었다

하루 분투는 그렇게 넘어지는 무게로 파쇄되었고
지조를 지키고 싶었던 욕망이 바다로 함유되고
감상의 태도로만 따라갈 수 없는 시간 서쪽에 묻었다

사람 속으로 빠져 허우적거리던 지구

가벼우면서도 붉게도 추락하는 자리에 한참을 머물면서

잠시 주어진 생각으로 아름다움도 슬픔이 되는 허기를 맛보았다

하나의 문장이면 될 듯한데 사람은 얼마나 말들이 많은지 생각이 많은지
  살아가는 모퉁이로 금방 다가올 어두움이 따스하고 조용하고 섬세하다

이름을 부를수록 모두 제 갈 길을 가고 있다
이쪽과 저쪽의 간격 사이로 날마다 이별을 반복하면서

바다는 여름이었고 나는 겨울이었다

여름 바다 앞에 겨울로 서 있다

돌고 돌아온 흰 파도
거친 물결로 이쪽에서 저쪽으로 가는 인생을 생각한다

흐르는 대로 흘러가라
폭풍우가 지나가기를 기다리고 있다
내가 가져온 빙산은 바닷속에 잠겨 있다

닻이 되어주었던 친구는 흔들리고 있었고
깊이는 더 깊은 깊이를 만들고 있다

물새는 작은 날개로 바다를 움켜쥐고 있었고
모래알 속 붉은 햇살도 바깥이 필요하다

차갑고 깊이 각성된 슬픔은 물 깊이로 내려가고 있었고
사람처럼 낡아가는 것들을 재생하는 목소리가 들린다

물에도 바다가 살고 있고 흔적이 남아
물거품이 일어나고 서로를 밀쳐내고
가까워질 듯하지만 멀어지고 물의 장막 속으로
한방울의 물이 되어 하염없이 흐르고

소유하지 않는 것은 떠나면서 뒤돌아보지 않았다

령

두 사람이 걸어가는데 한 사람에게 통제를 당하고 있다
대화 속으로 멈칫멈칫 맥이 이어가고 세 정류장 네 정류장 지나서 다섯 정류장까지 세 사람이 대화를 나누며 이름을 부른다

두 사람이 길을 가는데 세 사람이 나누는 대화 속에도 어려움이 없다
서로를 지극히 존대하고 의지하며 인정하기 때문이다

내 안에는 또 다른 한 사람이 살고 있다
인정할 때 하나가 되어가며 인격으로 예민하다
마음 모서리의 좌정한 한 영이 선명하다
무겁게 느껴지지 않는 가벼움으로 한 성분으로 참여한다

결정된 것도 해답을 기다리는 것들에도 많은 기다림이 필요하다
일어나는 모든 것들 위에 안으로 매우 부드러운 만져짐이 있다

생각이 주는 이론이 아니라 인정하면 전해지는 이끌림이
다

의지할 것은 그 한 사람
연약한 것들을 의지했던 것들이 무색하고 조용하다
인격체 안에서 사람으로 이끌어줄 때까지 한 길을 가고
있다
혼자이지 않는다 어느 누구도

늪

 발버둥 치면 칠수록 혼자서는 나오지 못하는 길이 있다
　왼쪽으로 기우는 어깨를 넘어 누구인가의 다리가 필요하다

　혼자라는 포스터가 자유로운 것 같지만 슬픈 그림이 될 때가 있다

　벽을 잡고 기어 나오는 방법을 동원하지만 걸어 나가는 뒷모습에는
　유령의 냄새가 난다

　진실을 말해도 모순이 되고 침묵이 진실이 되어갈 때 허우적거리며
　몸을 씻어줄 변명의 입술이 필요하다

　인생은 끝나기 위해서 존재하고 꿈은 꾸고 간직하는 것으로 위로가 되고
　자궁에서 둥둥 떠다니는 붉은 멍울은 꽃이 되어서 피어나기 기다린다

상처 위에 붉은 농막들은 당신이 건네는 온도로 껍질을 만들고 아물고 싶다
아직도 다리에는 피가 묻어 있다

세상에 처음 태어나서 씻기 전의 모습으로
힘센 어둠을 잡아당기는 그 긴 줄은 세상에서
가장 긴장되고 팽팽한 첫으로 돌아가려고 한다

도망치려 하면 할수록 더 깊어지는 숨소리 폄하된 모두를 버리고
스스로 만들어놓은 깊이는 아픔의 이끼로 남는다

안락을 꿈꾸는 인생 그러나 반대로 흘러간다
악수하며 스쳐 간 손들이 지구 위 낙엽으로 떨어지고 있다

옷이 젖고 혼이 혼미해서 안녕이라는 말에 당당하고 싶다

우리는 어디로 가고 있다 많은 변화에도 불구하고
그대 이름을 부르며 균열 속을 지나는 중이다

혼자 해야 하는 과제라서 누구도 필요치는 않지만
사랑과 이별은 거절할 수 없는 운명이다

몸 밖으로 나오라고 빨리 나오라고 단단해진 바닥으로 손짓한다

깊이를 지나 때를 기다리는 자들에서 무엇이 올 것 같다
부르지 않아도 다가오는 것들이 있다

건너뛰지 못하는 길을 가고 있다

부부

어떤 사랑이 불러내어 짝지어주었는지
온갖 비바람에도 손잡고 넘는 턱
풀리지 않은 수수께끼
빈손으로 시작한 뒷골목 빨간 벽돌집

인연의 실타래 삼베에서 무명실
눈에 보이지 않는 깃발

날로 더욱 귀한 사랑
서로의 눈동자 거울이 되고
차마 하지 못한 말 음료가 된다

두 사람이 손잡고 걸어가는 오솔길

한 사람 발자국 따라오고 있다
뒤돌아보니

바다 효과

질문 속에 정답을 입에 물고도 끝내 고백하지 않았다

문명처럼 드리워진 검은 이불에 용감한 것은 사람이었고
돌아보면 푸른색으로 문질러놓은 아픔이 되살아나고 있었다

이타성을 안고 밀려오는 거래는 싫다
눈에 보이는 것이 전부이고 싶다

진실한 정의에 좀 손해 보면 어때 푸른 결 사이로 쓴물이 스며들고
귀로 들리고 말로 사라지고 처음부터 시작과 끝이 존재되어 있었다

기억이 침묵하면 어떤 색이 될 수 있을지
매번 홀로 와 서 있게 하는 반복의 자리는 영역이 되어가고
사라져간 것들은 더 많은 것들을 가져다주는 의미로 상징되어 있다

검은 넝쿨 안에 검은 장미 파도가 아름답다
이쪽으로 다가서면 다른 한쪽은 멀어져간다

바다를 다녀오면 바다로 젖어 있다
생각한 그만큼의 넓이로 몇 날이 중단되어 있다

모호한 바다 속으로 짧은 생을 위해 많은 날이 숨어 있고
섬들은 이름을 갖기 위해 또 다른 섬을 만들고 있다

바다를 위해 전사한 영혼의 아우성이 들린다

두 번의 인생은 없다
의미심장하게 바다는 단호하며 말을 한다

몽당연필

깨어진 이야기 주워 담으며 기억을 선별하며 거대한 무게 이기며
연속 무늬는 동그란 방향으로 돌아가고 있었다

하얀 결은 붉은 겉옷을 끌고 가며 아파할수록
고백이 길어지고 말들이 많아졌다

글썽이는 마음으로
소녀는 첫사랑에게 편지를 썼다

오고 가던 말들이 확장되어 숲이 되었다

겨울이 가고
봄이 오고
여름이 오고
가을날이 되어도 깊은 잠에서 깨워주지 않는다

귀뚜라미 베개가 되어 있다

뉘 시집을 베고 누워서 자고 있다

부서지면서도 빛났고 평범했다
어느 누구 독백이 되었는지

각이 진 얼굴로 아직 끝나지 않는 이야기
처음을 기억하며 꿈을 꾸고 있다
흰 손을 기다리고 있다

만개

수만 개 입을 달고 말을 씹어 내린다

떠나는 맘 미련 담아 사연도 붉어
촘촘히 눌러쓴 편지

이쪽에서 꽃이 피고 저쪽에는 꽃이 지고
서로 마주 보며 꽃으로 이어진다

어느 쪽으로 기울지 않고 꽃의 속도를 지키고 있다

푸른 허공으로 분홍이 날아서 간다

바람 속으로 팔레트를 던졌다
머플러 방향으로 그림을 그리고 있다

사람은 꽃이 지는 방향으로 가고 있으며
어색한 경계에서 문득 안부가 궁금하다

사람과 꽃
영원할 수 없다는 것을 서로 인식한다
꽃비를 맞으면 진실했던 말이 생각났다

거짓은 다 떨어져 발밑에서 잊어져간다

꽃그늘 따라서 무작정 걷는다
자꾸 사라져가는 성자 같은 붉은 눈

고백하지 못한 만큼의 그 간격으로
시작이 있었으니
끝을 향해서

마라의 지배

미움의 마중물은 누가 주나요
몸의 기억으로 살아 있는 것들은
당신을 미워하고 당신을 싫어합니다

세포까지 파고들었던 아픔 염증으로 고열을 유발하고
검은 눈물은 당신을 미워하던 성분으로 가득합니다

혼자 뜨거운 피를 안고 걷던 골목
가슴은 얼음같이 차가운데도 입은 따스하게 웃고 있었고
잊으려 하면 더 옷을 껴입던 의심과 미움으로
언덕 위에 겨울나무처럼 추위에 떨었습니다

의심과 미움의 압박으로 숨이 멈출 것 같은 응어리
묻어두고 그리워했던 사랑은 어디에 버려야 할까요
바위 속 넘어진 나무로 진흙에 묻힌 꽃으로

사는 일

그저 슬픔을 빨래처럼 꺼내 널고 말리는 일이 전부였습니다

아파했던 기억 나무껍질처럼 벗으며 새순이 돋아날까요

고난 속에서 더 선명하게 살아내었던 기억
 목숨이 있는 한 사랑은 덫이라서 사랑과 미움 교직되는 자리

 발바닥에 미지의 무늬 새기듯 살아갑니다

비 오는 오후

누군가는 찾아올 것 같고 그 사람을 만나야 할 것 같고
이 생각은 꼭 전하고 싶은 장벽으로 넘어서야 하는
호수가 보이는 오후 두 시

하루의 중심이 조금은 땅으로 스며드는 시간
바르게 서고 싶은 생각이 수직으로 난파당하고
커피 냄새가 나는 구역 그곳에서 생각 좀 하고 싶은 시간

무심하게 여기던 고독이 검은 별로 떨어지고
서툰 첫사랑에게 참 아픈 상처를 준 말이 무성하다

하늘과 땅의 간격이 가까이 있다
의존하지 않는 것들이 무너지는 소리
시간 사이에 막대기처럼 서서 버텨보고 싶다

오른쪽으로 기우면서 오는 비 빈틈 사이로만 내린다
현미경처럼 선명해서 슬픈 꽃 모양을 만들고 있다

빗방울을 꽃이라고 이름을 부르는 순간
간직하고 있는 것들이 눈물이 아닌 것이 없다

비가 많이 오던 그날
너가 나에게 떨어져갔듯이

모두는 멀어져가고 부드럽게 긴장된 고요 속으로
잊어져가는 중이다
아주 조금씩 야금야금

바늘귀

눈동자로는 지나지 못하고 길지도 짧지도 않은 터널 속으로
지나가다가 문이 닫혀버린다면 귀퉁이에 걸려버린다면

힘으로 아무리 발버둥을 쳐도
더욱더
매듭이 조여질 뿐이다

작은 귀를 통과하기 위해서는 더 작아져야 하고
목이 말라오고 두 갈래 길을 생각하다가
그 이름을 부르면 그 소리가 길이 될 수 있다

어둠으로 가려진 틈 사이로 별의별 빛들이 지나간다

수많은 이야기가 숨어 있는 통로
유년의 아이는 아직 어른이 되지 못하고 있다

속살에 걸린 바람 소리는 길을 잃고 방황한다

손목 끝에 달린 빛줄기로 머리를 쓰다듬어 내린다

습관으로는 문 하나 넘지 못하고 심장의 불을 켠다
그 귀를 통과해야 내가 인간이 될 수 있다

목련꽃 아래에서

나무 위에 천사가 있어요
엄마
천사가 꺼꾸로 매달려 있어요

봄이면
되새김처럼 그 말이 올라와서
몸 어디엔가 남아서 나부끼는 첫눈 같은
휘어지는 환영

하얀 거리를 걸어가고 있다
꽃은 조용히 무엇을 예언하고 있다

영혼 같은 전설을 이어가고 있다

살아가는 시간
꽃이 잎을 그리워
잎이 꽃을 그리워한다 서로 꼭 품고 있다
한 몸에 두 얼굴로 살아간다

순전한 나무 벽 사이로 두고
서로가 서로 되어 힘을 인식한다

꽃잎 한 겹 한 겹 떨어질 때 꽃 모양이 완성된다

엄마
"천사가 꺼꾸로 매달려 있어요"
꽃송이 되어 오물거리던 입

말 냄새

육체을 뛰어넘어서 항거할 수 없는 것들에서
긴 꼬리에 묻은 향기 햇살 끝에 함몰되어간다

각자의 무늬를 지니는 말 되뇌며 걷고 있었다
말 속으로 말을 잃고 남는 것은 말이고 말은 계속되고

자작나무가 옷을 벗는 것처럼 말이 벗겨지고서야
말이 되었다

혈관 위로 빨간 꽃이 말에 출렁인다
사람은 깊지 않아서 말의 깊이에 눈을 감는다

하늘을 바라보다가 놓친 별은 말을 기억하고 있을까
별에게 무슨 냄새가 날까 말의 냄새가 날까

말 속으로 너무 많은 말들이 하얀 숲이 되었다
피복이 벗겨진 말로 형질만 남아 있다

내가 없었기에 너가 없다
너가 없기에 내가 없다
말이 서로 이끌어가고 있다

표현하지 못하는 낯섦이 비열하기도 하다
정직한 느낌이 아니라면 이별하고 싶은 말이 있다

마른 꽃

향기마저 머금고 바삭거리는 그리움
가늘었던 슬픈 시간은 멈추고 꽃불이 남아서 싸늘하다
꽃인들 알았을까 시들어버리는 것을
변하지 않을 듯한 변화를 생각하며 변해버린 변화를 본다

흔들거리며 따스하게 붉은빛으로 고깔을 쓴 여우
창백한 바람결 따라 화려한 전설도 내려놓고 그저 전해오는
이야기 듣고만 있다

누가 여기에 옮겨놓았을 뿐

초라한 경적을 견디며 모서리 꼭 그 자리 꼼짝없이 붙어 있는 숨결
고운 빛 몸으로 숨기며 도도한 꽃말 누명을 벗는다

씨앗 속에 숨어 있던 가을이 떠나고 배신의 피가 다 빠져서 가볍다

땅으로 절을 한다

건조되어가지 않는 것은 아무것도 없다

무섬 외나무다리

섬은 물 위로 사람을 올려놓았다
물의 초상을 생각한다

뒤따라 걸으며 서로에게 품었던 마음을 알았다
때로는 소박한 운명에 맡겨져 있으니
먼 중세를 꿈꾼다

하늘의 별보다 더 많은 모래알
나에게로 돌아오는 시간
혼자이지 않는 사람이 어디 있을까

건너온 그 길 따라
조금은 조심히 봄으로 걸어가는 어느
누구의 뒷모습

제4부

검정 교복

각설탕

마주 앉아서 각으로 마주 본다
반토막으로 서로에게 함유한다

흰
혀를 넘어 핏빛 속으로 헤엄치는 정자 모양으로
보이지 않는 끝은 어둠처럼 감미롭다

몸을 흥분하게 하는 속임수가 달콤하다면
흥분된 기분은 허영이 아니라
허락한 범위 사이에 너의 침이 내 입안에 고인다

푸른 낯을 세우지는 말라
사라지는 것들에 대해서 순수하면 돼

먹은 대로 주는 대로 달콤한 말로 걸어서 나온다
먹은 대로 이행하는 몸의 이치 앞에서
생각이 무색하다

은둔으로 오는 봄

산길로 피어 있는 제비꽃
뿌리까지 옮겨왔는데 며칠 더 살았다

생체 적응에서 오는 무수한 불면의 날들은
고양이 발톱에 긁혀 있다

봄에는 편지를 쓰고 싶다
너를 향해서만

구석진 곳에서 책 냄새라도 맡고 싶다

책방 문은 절반쯤 역사를 품고 있다
신들이 모여서
머리 없는 영혼 탈출을 시도하고 있다

질투가 없는 곳은 어디든 없고
몸은 그대로인데 영혼은 죽어가고 있고
이유 없는 열병은 때론 화학적 방법을 구상한다

봄을 수리하려다 산란해지고 폭파한다
살점과 뼛조각을 줍는다

푸르고 매끄러운 봄
이해할 수 없는 봄
이해가 되는 봄은 오고 있다
주어진 발길 위로 초록하게 흔들리며

강탁구

핑퐁
금방 되돌려주는 사랑도 매력이 없고
기다려도 오지 않는 사람으로 인해
쉽게 무너지는 이별도 싫다

생각보다
말보다
타오르는 불꽃보다
빠르게 정확한 위기의 순간은 누구에게나 있다
계획하지 않았던 결과는 참 좋은 태도를 낳는다

가벼움이 무거움을 이긴다
어제 시간은 깃발을 들고 또 다른 갱신을 꿈꾸고 있다

공간이 느슨해질 때 대화하듯이 공격이 예상되고
볼 수도 있는 것이 보이지 않는 것으로 변동되기도 한다

작은 감각 속으로 하얀 무늬가 큰 감동이 되기도 하며

약한 바람이 강한 바람을 넘어갈 수도 있고
본 것이 바라는 것에 전부가 되지 않는다

꽃이 꽃으로 아름답듯이
서로에게 전해지는 사이사이가 아름답듯이

손안에서 버티어야 하는 작은 공 하나에
울려 퍼지는 나선형 목소리

검정 교복

집으로 돌아오는 길 소나기를 만났다
그 비를 맞는다고 외로움이 허물어지지는 않았다

카뮈 이방인처럼 문득 삶이 낯설어 보이고

들꽃 냄새가 몸에서 새어 나왔다
감추었던 마음이 젖기 시작했고
모양을 바꾸며 일어났던 꿈들

첫사랑
내 안 소중한 방에 어렴풋이 누가 있었다
거기 내가 피워야 할 꽃 한 송이
서툰 것에는 늘 눈물이 고여 있다

보내려 해도 오는 것은 오고
잡으려 해도 가는 것은 간다
나를 길들이던 교복 깃 같은 하얀 구속

남아 있는 페이지를 생각하면서
차가운 비를 계속 맞으며 걷고 걸었다

깨끗하고 아름다운 줄 모르던
아름다운 그때

고등어

하얗게 타버린 구워진 눈깔로 도도히 쳐다보고 있었고
가시는 불 속에서 등이 휘었다

십 리 간다는 냄새 검지 손가락에 묻어 있다

입안에서 저장되었던 비루한 맛은 하루를 살찌우고
모자람이 많아야 진한 맛을 내고 서성이던 고양이 눈
고등어 눈빛으로 환생되었다

기억은 어둠 속에서도 몸을 헐어 편향으로 기울게 하며
 시대에 함유하지 않고 혀는 정직한 맛을 압박하는 힘이
있다

먹고 싶은 것을 참아야 했던 그 원인의 맛은
현란한 것들을 거절하는 조금은 심금이 되었다

흔들리지 않는 맛은 어두운 구석을 핥는다
푸른 등에는 물빛 그림이 있었고

나의 바다로 들어와 헤엄치고 있다

죽음 없이 다시 살아나는 것은 없다

결혼 행진

가장 맑은 날 어제도 없었고 내일도 없을
단 하나의 사랑
걸음걸음 신중하게 여백의 간격 사이로
한 아름 몰래 피어왔던 꽃을 내려놓는다

잘 살아온 다정한 사람들이 그 길을 이끌어주었고
사랑해야 하는 이유 분명해지고 한 몸 되어
네모난 새장 속으로 서로 날개가 된다

첫눈처럼
순수하고 달콤하게 서로 인식한다
언약에는 진실된 눈물이 떨어진다

하나부터
하루하루 시간 담아 곱게 정직하게 쓰는 편지

첫 페이지

인연
태중에서 짝지어주었으니 아무도 나누지 못하리
집을 향해 사뿐사뿐 걸어서 간다

비밀의 문 닫히고 나면 아무도 열 수가 없다
그들이 사는 이야기 공개할 날 기다린다

그 십자가

붉은 피 한 사람을 타고 내린다
그 어떤 향유로 상처 냄새 지워낼 수 있을까

슬픔은 분홍빛으로 곤두박질하고 벼랑 끝에서
여자는 산이 터지도록 울었다

죄인은 몰두했다 수많은 통곡으로 문을 열었다
진실된 자백 앞에서 죄는 순수해지고 눈물은 맑고 깨끗하
다

고유해야 할 죽음 수많은 사람들의 고함 농도 속으로
침묵하며 때를 따라 한 길을 걸어갔다
한 생은 혼합된 시간을 뛰어넘어 당당했다

아버지는 아들의 아픔을 허락하며 울지도 아파하지도 않
았다
아픔만큼 사랑해야 할 이유가 분명했다

꽃이 피어야 할 자리에는 꽃이 피고 엉킨 가시 사이로

흘러서 내리던 한 사람을 대지는 받아내고 있었다

마리아
처음과 마지막이 확증하는 차디찬 무덤에 엎드려
돌틈 속 사이에서 짧은 생을 안고 울고 울었다

그 붉은 포도주 늘 슬픈 위장을 치료하고 있다
기다림이 기다림을 부르고 기다림의 끝에 또 기다림이 있다
기다림만이 주어진 인생이다

구름 속으로 다시 돌아오리라
그 약속은 슬픈 기쁨이 된다

진실이 없는 사랑은 그 뜰에서 돌아서서 배반했다
막대기는 앙상하게 두 발로 서서 차가운 비를 맞았다

떠나는 이를 위해 울지 말라 네 자녀를 위해서 크게 울라고
선명한 그 음성

들꽃 한 송이

눈물 흘려도 자신에게는 울지 않았다

낙타 등 위에 물이 메마르고 보폭을 맞추며 걸어줄 사람 없다
변명조차 하고 싶은데 마른 입 군침이 말문을 지킨다

고였던 눈물마저 다 흘려 침침해진 눈시울
두 발에서 가장 먼 거리에 안개꽃이 피어 있다

무엇이 자신이 될 수 없었고 사랑했던 순간순간이 그 사랑일 뿐
긴장된 무게를 이끌며 뒤뚱거리고 땅이 가까이 있다

막대기보다 힘이 없는 혈의 피를 의지했다고 생각한다
마른 나무 마디를 의지하며 서 있다

몸은 늙어도 마음이 늙지 않는 병을 앓고 있다

화려하지 않았지만 하나뿐인 은은한 꽃이었다
얼마 남지 않은 들길을 조심히 걸어가고 있다

뼈 속에 살이 텅 비어 있다
몸 안으로 연결된 유전은 사랑이다

그러한 것이 그러하다

달라진 것도 없이 달라질 마음도 없이
그런 사람으로 그냥 살아가고 있다

햇살은 어제처럼 동쪽에서 단단하게 차오르고
그렇게 사는 것이 다 그런 것이라고 오늘도
그 사람 옆을 그 사람으로 스쳐 지나간다

걸어야 한다면 걸어가면 되고
달려가야 한다면 달려가면 되고
생각했던 것들은 꿈이 되고
이루었던 꿈들도 모래성이 되고

당신을 그저 기다립니다
기다림은 만나지 않고서는 끝나지 않는 것이어서
하루가 기다림이라도 익숙한 높이에도 주저하지 않으며

당신을 향한 기다림과 눈물은 빛나지 않아도 된다

그렇게 사는 것이 다 그런 것이라고
목소리와 표정이 닮아 있다

그렇고 그런 날들이
그렇고 그런 것들이
회전의 그림자를 남긴다

유성처럼 떨어져 사라지는 그때까지
일렁임의 몸짓으로 그러한 것이 그러하게

따뜻한 슬픔

새가 되어서 날아가보지 않은 곳이 어디며
창백하게 자라온 슬픔은 진실한 사랑을 늘 의심하며
쓸쓸한 것들이 붉은 혀를 굳어가게 한다

생각했던 것이 보이지 않았고 더 멀어지고 죽은 것이 아니라
늘 기다림 속에 숨어 있었다

이별은 만남보다 아름답다고 모든 이름 위에 이름을 지우고
구석에서 몸을 말리고 곁에는 붉은 당신이 서 있어서 외롭지 않았다

진실한 사람이 없다고 생각되어 몸에 진동으로 아플 때가 있다

단단한 뼈에 붙어 있는 살은 감각을 유발해서 영혼이 더 강렬하게 할수록

슬픔이 찾아왔다

땅 위에 하늘이 있고 하늘 위에 또 하늘이 있고 회유를 품게 한다

때론 긴 슬픔은 버릴 것이 없고 껍데기까지 따스하다

각설이

언어와 은어 사이로 변장과 분장 사이로 감금되었던
한 무늬가 걸어서 나온다
한 시대의 허기진 시간 푸른 밤 깊어서 가고
엿가락은 붉은 입속으로 침이 되어간다

심장에 묻었던 기억 서로 꼬리를 물고 가는 노래
그 한 소절로 관통된 눈물
비늘 같은 바람개비 눈동자 안에서 돌고 있다

붉은 피로 격동되는 웃음
제어 없는 뱀 혀 사이로 슬픈 독이 묻어 있다

지나가는 길 잠시
삶의 추 멈추고 휩쓸려진 비스듬한 언덕에서
이름 없이 앉았다가 골목길 걸으면서

작사 작곡 즉흥으로 나의 노래도 불러본다

꽃씨

  금빛 아래 성근 마지막 굴절의 절정
  오롯이 깃들어 있는 향기마저 조용한 생성을 안으로 감추인다
  어둑한 밤들을 견뎌야 할 무서리만치 고독한 발가벗은 속절
  피투성이로 떨어서 꿈꾸는 시간이 길어진다

아무도 흔들어 깨우지 말라 사랑 외에 그 무엇도 믿지 않는다
약속만 기억한다

까망 주머니에 흰 살이 채워지고 꽃술보다 모자를 벗고
꽃은 피어야 하고 밤으로 열리는 숨결 속으로
은밀하게 잎을 만들고 분홍 혀 밀어낸다

꽃이 오고 있다
반쯤 열린 창가에 목소리로 조용한 웃음으로
다시 돌아올 언저리로 봄비가 먼저 오고 있다

당신을 공부합니다

우리는 공범자입니다 그 자리 떠나지 말아요
더 깊이 알고 있어야 합니다
서로를 안다고 말하지 말아요

알면 알수록 더 관여함이 많아서 당신을 고발합니다

그 사건을 기억한다면 도망가지 말아요
이미 서로 지목했습니다

불량한 말들은 후회해도 주워 담지 못합니다
당신을 오랫동안 공부하고 아직도 숙제하는 중입니다

듣고 싶은 말만 들으려 하지 말아요
기질은 본연이라고 핑계하지 말아요

하나라도 말 한마디라도 일만 진실이라면 정답이라 여기며
당신의 결핍을 채워주며 문을 열겠습니다

수많은 말들이 병 속에 갇혀 있고 나오지 못합니다

자신을 배우기 전에는 잡힌 물고기처럼 그물 안에 있어야 합니다
놓아줄 수 없습니다

그런 사람이 되지 않으려고 공부합니다

노랑

당신을 만나려 갑니다
입안에서 퍼지고 몸으로 퍼지는 메리골드

과거로 지나가는 얼굴 노란색이다
잔존의 색을 거절하지 않는다
메리골드

노을로 휘어지는 언덕에 환한 상처의 덫으로
꽃으로 꽃을 사랑하는 사람이 바람이 된다
메리골드

꽃의 도안을 저마다 의식 속으로 옮겨놓아도
유전자는 대지 속에서 항거하지 않으며
꽃은 씨로 말하고 싶고 향기로 건너가고 싶다

한 몸으로 꽃무덤을 만들어가고
강한 비를 거역하지 않으며 그 꽃을 피운다

메리골드 메리골드

몸이 타도록 바위틈 귀퉁이에
그 누가 벗어놓는 노랑 원피스

기다리겠습니다

첫눈처럼 기다립니다

허공을 지나오기까지 검은 벽을 넘어서
혀를 간지럽게 했던 말들로 떨어진다

어둠 속에도 초라하지도 길을 잃어버리지 않았고
기다리면서 지쳐가는 것들에 대해서 눈빛은 초연하다

무엇에든지 자유롭지 못하고 기다림의 차이의 겹
기다리다가 죽어가는 것은 아름답다

시간은 진실을 알게 되고 눈을 감으면 마음을 보게 한다
굳은 피를 만들어가고 사혈을 기다린다

입 기운은 하늘 문을 열고 반복적인 울림이 되기도 하며
그 끝에는 사람을 닮은 또 한 사람이 서 있었다

그 길을 갈 수 있는 길이 아니고 그가 나를 이끈다
한 가지를 위해 아홉 가지를 잃어버리는 다짐도 해본다

하루가 늘 새롭지 않다면 누가 하루를 갈 수 있을까
새롭게 태어나지 않는 것이 또 어디 있으랴

전쟁 속에서도 기다림은 칼을 버리게 한다

약속을 머리 위에 두고 무수한 철학의 지느러미에 자꾸 손이 간다
허상은 잠복 기간을 방해하며 비집고 들어온다

무엇을 기다리는 것은 아름답고 슬픔 속 고문이라 하여도
소명 같은 날들은 뒤돌아보면 상처만은 되지 않는다

약속을 주는 자 받은 자 사이에 억 광년의 비밀이 있다

잔인한 시간은 계산되지 않으며 흔들리는
빈 의자의 형태로 유지하며

달맞이꽃

바람길
별을 안고 달빛이 조금만 더 조금만 차면
피어날 듯
이완된 꽃잎

길섶
꽃들 사이로 감긴 눈꺼풀
착란에도 무릎꿇지 않고
다소곳이
몸을 흔들며
다름의 사실을 받아들인다

달빛이 지나간 꽃잎 사이로 햇살도 지나간다

우리는 우리에게 기대고
꽃은 꽃에 기대어
숲은 숲으로 기대고
바람은 나무에 기대며

| 작품 해설 |

전원과 도시적 삶이 교차하는 공간에서 부르는 노래

구본결

 강최현숙 시인이 엮어낸 창작시집 『숲속의 헌책방에서』는 농촌에서 성장기를 보내고 도시에서 대부분의 삶을 살아온 우리의 이야기를 오늘 우리에게 들려주고 싶어 한다.

 시란 무엇인가? 문학의 한 장르로서 운율과 리듬, 이미지를 통해 인간의 다양한 정서 — 사랑 슬픔, 기쁨, 분노 등을 함축적, 성찰적으로 표현하여 독자를 설득하고 감동을 주어 마음을 정화시키는 행위의 노래라고 생각된다. 독일 존재의 철학자 하이데거는 오늘날 세계는 사물들이 고유하고 신비로운 자신의 존재를 드러내는 곳이 아니라 욕구와 욕구 충족의 수단으로 착취당하고 있으며, 이런 시대에 인간의 소명은 시인으로서 지상에 거주하는 것이며 인간과 사물과의 신비를 경험하면서 존재의 소리를 듣고 이를 대변하여 노래하는 삶으로 살아야 하는 것이며 이렇게 살 경우 우리에게 참된 기쁨이 주어진다고 말했다. 우리의 70년대 80년대는 아직 소가 밭을 가는 자연이 건강하게 숨 쉬고 인간이 자연의 품에 안기듯 살아가던 시대였으며, 이런 시대를 살아낸 우리에게는 지금 젊은이들이 경험할 수 없는 가난했지만 건강한 정서가 가슴에 깊숙이 깃들어 숨 쉬고 있다고 생각된다.

1. 산, 들, 내, 들꽃들의 고향

이런 시대에 산촌에서 어린 날을 보낸 강최현숙 시인은 부모들이 항상 들일에 쫓기는 모습으로만 보이는 환경에서 자랐을 것으로 생각되며, 그 집안의 맏딸로서 시인이 동생들을 돌보는, 아이가 보모가 되어야 해서 철이 일찍 들어버린 언니의 역할을 아주 잘 해냈을 거라는 생각을 들게 하는 시가 있다.

> 엄마는
> 맏이인 나를 꽃으로 키우셨다
>
> 키 작은 나를
> 꽃처럼
> 담을 넘을 만큼 어서 자라라고
>
> 얼른 커서 동생에게 푸른 잎이 되어주라고

높은 줄을 매어놓고

　　숨겨둔 나팔을 꺼내 아침마다 불었다
　　　　　　　　　　　　　　—「엄마와 나팔꽃」 전문

　모닝글로리, 아침의 영광이라는 이 꽃은 빨강 분홍 잉크 빛깔의 나팔처럼 생긴 모습으로, 아침에 부지런하게 피어나 마음의 귀를 기울이면 기상나팔이 들릴 것 같은 꽃이다. 시인의 엄마는 맏딸을 속성으로 키우고 싶으셨을 것이다. 그래서 매일 건강한 성장을 기원하며, 나팔꽃이 타올라가 꽃이 피기 좋게 담 위까지 줄을 매놓으시고 아무리 바빠도 새벽마다 물을 주는 것을 잊지 않으셨을 것이다. 우리 딸아 얼른얼른 크거라, 동생들은 네가 돌보아야 해. 나팔꽃은 아무도 돌보지 않아도 저 혼자 손을 뻗어 줄을 잡고 씩씩하게 스스로 채찍질하며 성장하였을 것이다. 며칠만 보지 않아도 훌쩍 담의 머리까지 자라 환하게 피어나 안녕하세요, 인사를 건네던 나팔꽃. 시인도 부모가 들일에 쫓겨 제대로 챙겨주지도 않는 시간에 문득 자라나 어느새 동생의 코를 닦아주고 끼니를 챙겨주는 나팔꽃 같은 생활력 강한 맏이가 되었을 것 같은 모습이 이 시에서 보인다.

　그렇게 저 혼자 외줄을 타고 제 스스로 성장하며 세상을 향해 나팔을 불어 자신의 존재를 알리고 싶어 했을 소녀, 시인은 어린 동생을 업어주고 같이 놀아주며 전원의 실개천 가에 스스로 꽃으로 피어나서 한들거렸을 것이다.

> 산길로 뒤따라다니며 지금도 내 등에는 그 따스함이 남아 있다
> 걷다가 업어주기도 하며 들꽃을 꺾어주었다
>
> 소나기처럼 무엇으로 젖어야 했던 시절
>
> 현실을 메마르게 하는 온도는 몸에 숨어서 육성의 추억을 만들고 있었고
> 사랑은 견디는 힘이며 시작이며 사색이 되었다
>
> ―「동생」 부분

 들길에서도 산길에서도 그림자처럼이 아니라 정말로 그림자가 되었을 동생, 누나는 동생에겐 누나가 아니라 엄니 같았을 테니까, 등에는 체온뿐 아니라 동생의 체취도 함께 남았을 테니까, 이 속에서 우리는 한국인 특유의 장맛 같은 정이 가슴에 고이는 정서의 근원을 발견할 수 있다. 그 시절 가난하지 않았던 사람이 몇 명이나 될까? 지금은 성인이 되어 각자 삶을 영위해가지만 동생에 대한 그리움과 서정이 들꽃처럼 피어난다. 누구나 함께 성장했을 동생이 그립고 생각나는 추억이 그려진다.

> 시오리 길
> 종종걸음으로 걷고 걸었다
> 길만 보고 걸었고 엄마만 보였다

검정 고무신 벗어버리고
하얀 리본 고무신 갈아 신고
산길 따라 돌아오는 길

하늘 닮은 붓꽃이 보였다
산새 소쩍소쩍 울고 있었다

―「장날」 부분

이 시를 읽다 보면 저도 모르게 미소가 입에 물린다. 까만 고무신을 벗고 하얀 리본이 달린 신을 신고 공주라도 된 것처럼 변신하며 기뻐하는 소녀의 소박한 모습이 가슴을 따뜻하게 데워주기 때문에. 소녀는 엄마의 당부를 거역하고 몰래 장 구경 갈 결심을 하고 가슴을 콩닥거리며 엄마를 미행해 갔다. 엄마는 그런 어린 딸을 나무라지 않으시고 기꺼이 하얀 리본이 달린 신을 사주셨다. 엄마도 그런 때를 보내셨을 테니까, 그런 딸의 마음에 공감하시니까. 다시 산길을 걸어 귀가하는 나비가 된 소녀의 모습이 눈에 선하다.

2. 외로움과 그리움, 엄마가 보고 싶으면 사과밭으로 간다

나중에 시간이 나면 눈이 맑은 여자를 그려줘, 그 맑은 눈 속에 파란 하늘을 그리고 햇솜처럼 부드러운 구름도 그려줘, 구름을 향해 날아가는 물새와 물새의 깃에 반짝이는 햇빛 그리고 풍

경 속을 흐르는 멜로디도

— 김세영, 「오 한강」 중에서

 어머니가 되기 전 여자들은 누구나 외롭고 그리운 한 계절을 보낸다. 강최현숙 시인도 이유도 없이 외롭고 그리운 이도 없이 그리운 눈이 맑은 그런 날들을 통과 하였을 것이다.

집으로 돌아오는 길 소나기를 만났다
그 비를 맞는다고 외로움이 허물어지지는 않았다

카뮈 이방인처럼 문득 삶이 낯설어 보이고

들꽃 냄새가 몸에서 새어 나왔다
감추었던 마음이 젖기 시작했고
모양을 바꾸며 일어났던 꿈들

첫사랑
내 안 소중한 방에 어렴풋이 누가 있었다
거기 내가 피워야 할 꽃 한 송이
서툰 것에는 늘 눈물이 고여 있다

보내려 해도 오는 것은 오고
잡으려 해도 가는 것은 간다
나를 길들이던 교복 깃 같은 하얀 구속

남아 있는 페이지를 생각하면서

차가운 비를 계속 맞으며 걷고 걸었다

　　깨끗하고 아름다운 줄 모르던
　　아름다운 그때

——「검정 교복」 전문

사랑받지 못하는 것은 그저 운이 없는 것이지만, 사랑하지 못하는 것은 불행이니까 말이다. 오늘날 우리는 모두가 그 불행으로 죽어가고 있다.『이방인』의 작가 카뮈가 했다는 이 말을 검정 교복의 사춘기 소녀였던 시인은 얼마나 되뇌며『이방인』을 읽었을까. 읽기 결코 쉽지 않았을 소설 속의 뫼르소는 무슨 이야기를 들려주며 소녀의 삶을 격려해주었을까. 검정 교복이 길들이려 하는 사회생활의 속박 속에서 첫사랑을 꿈꾸고 많이도 외로워했을, 미래가 불안하기만 하던 그때 그 시절. 그래도 지금 돌아보면 슬퍼도 아름답기만 한 날로 채색되어 있지 않을까?

강 시인은 독서를 좋아하는 시인이다. 누가 책을 들고 있으면 그 사람보다 책의 표지를 먼저 살피고 궁금해하는 성향을 가진 것으로 보인다. 「숲속 헌책방에서」라는 시에 시인의 이런 성향이 잘 드러나 있다. 책이 좋아 자신이 서가에 꽂혀 책과 친구가 되고 말을 나누고 싶은 시인.

　　서가와 서가 사이를 지나며 말을 잠그고 한 권 책이 되어본다

세월은 흘러버린 것이 아니라 동일하게 유행처럼 여전히 지금도
  과거가 될 준비를 하고 돌고 돌아갈 시간
  여기에서 경계의 순간은 늘 출발이며 재구성이다

  그 누가 서서 생각에 잠겼을 그 자리에 나도 지금 서 있다
  먼 훗날
  그 누군가 나를 읽고 밑줄 칠 그 행간에 서 있는 것이 아닐까
  ―「숲속 헌책방에서」 부분

 책 속에는 지구 위에서 살다 간 인간들 삶의 이야기가 강물처럼 흐르고 있다. 헌책방 서가와 서가 사이에서 이 강물을 물끄러미 바라다보며 생각에 잠겨 있는 시인이 보이는가? 누군가가 훗날 밑줄을 치며 읽어줄 시 한 줄을 구상하는 시인의 고민이 가슴에 와닿는가? 이런 날들을 거쳐서 시인은 여인이 되어가고 엄마를 생각하고, 엄마의 희생과 엄마의 표지 같은 엄마의 사과밭을 떠올리며 엄마의 사과밭을 찾아간다.

  그곳에는 다시 시작하고 싶은 표지가 있다
  엄마 수채화가 그려져 있다

  양손에는 나무 무늬가 묻어 있었고
  증발시킨 시간들은 늘 그 자리에서 맴돌며 풍경이 되었다

  가을빛은 선명하고 분명하고 충분해서

빨강 윤곽 모서리는 예민하지만 단단하다

사과가 익어간다
연약한 사람들이 해야 할 일은
가을이 얼마 남지 않았음을 알면 되는 것이다

푸른 몸 안으로 햇살이 들어가 붉은 등을 만들고
하얀 사과꽃잎은 살 속으로 유영하고 있다

숱한 환상을 어기며 비바람이 지나가도록 기다려준 시간
바람이 불면 붉은 사과가 떨어질까 하루가 흔들렸다

상처 모양이 지나간 자리 새들의 깃이 묻어 있다

쉽게 부서지지 않는 사랑을 가르치고 있다

사과는
꽃에서부터
나무에서부터
사람에게서부터
사과였을까
스스로 있었던 것일까
신은 아무 말도 하지 않았다

엄마는 홍옥처럼 살았다
엄마를 먹으면 맛이 있다
엄마가 보고 싶으면 무작정 사과밭으로 간다

> 붉기 전에도 사과는 사과였다
> ―「엄마가 보고 싶으면 사과밭으로 간다」 전문

 엄마에게는 또 하나의 사과처럼 예쁘기만 했을 시인, 각박한 도회의 삶이 힘들고 생활에 지칠 때는 찾아가 안기고 싶은 엄마의 사과밭, 그곳은 폭풍우와 긴 장마를 견디어낸 엄마의 기도와 사랑이 알알이 익어가고, 아버지의 땀이 흐르는 투박한 사랑이 숙성되는 곳으로, 봄에는 사과꽃의 향기를 맡으러, 여름이면 시원한 매미의 노래와 푸른 알사탕 같은 사과의 푸른 이야기를 들으러, 가을이면 파란 하늘에 던지는 사과의 붉은 유혹을 보러 시인은 사과밭을 자주자주 찾곤 하였을 것이다. 겨울에도 사과밭은 하얀 눈을 덮고 누워 편안한 옛날이야기를 들려주지 않았을까? 시인에게 언제나 사랑이 숨 쉬는 엄마의 사과밭은 에덴으로 연결된 길처럼 모든 것이 얽혀 있는 도회를 벗어나 자연으로 돌아가는 하나의 통로로, 혼돈의 시기를 벗어나는 꿈의 장소로 작용하였을 것이다.

3. 마음속의 빙산, 바다는 여름이었고 나는 겨울이었다

 절망이 없으면 사랑도 없다. 알베르 카뮈가 했다는 이 말, 살아가는 일은 누구에게나 숙명처럼 절벽 앞에 서서 절망할 때를 맞는다. 오르막뿐인 길도 없고 내리막만 있는 길도 없다. 폭풍우 치는 밤이 있어서 우리는 온화한 낮을 맞는다. 담

금질과 고난을 거치고, 삶의 쓴맛을 경험하면서 인간은 성숙된 인격자가 된다. 예수님도 부처님도 생명이 위협받는 시련을 거쳐서 사랑의 주체가 되었다.

>검은 눈물은 당신을 미워하던 성분으로 가득합니다
>
>혼자 뜨거운 피를 안고 걷던 골목
>가슴은 얼음같이 차가운데도 입은 따스하게 웃고 있었고
>잊으려 하면 더 옷을 껴입던 의심과 미움으로
>언덕 위에 겨울나무처럼 추위에 떨었습니다
>―「마라의 지배」 부분

불교에서 사람의 마음을 홀려 제정신을 차리지 못하게 하고 불도 수행을 방해하여 나쁜 길로 유혹하는 나쁜 귀신이라는 마라, 구약 성서의 출애굽기에 나오는 이야기로 쓴물이 솟아 사람들이 마실 수 없는 물을 모세가 신의 계시를 받아 나무를 던져 물맛을 변화시켰다는 땅의 지명이기도 한 마라, 우리는 누구나 연습도 없는 미지의 길을 간다. 눈에 덮이어 보이지 않는 길을 걸어가보라. 아무리 정신을 차리고 걸어도 길의 굴곡에 따라 발걸음은 흐트러진다. 마라가 지배하던 세월 시인은 피를 안고 걷고 가식적으로 웃고, 의심이 의심을 낳고 미움이 미움을 부풀리면서 언덕 위 겨울나무처럼 세상의 추위에 떨며 외로워한다.

의심과 미움의 압박으로 숨이 멈출 것 같은 응어리
묻어두고 그리워했던 사랑은 어디에 버려야 할까요
바위 속 넘어진 나무로 진흙에 묻힌 꽃으로

사는 일
그저 슬픔을 빨래처럼 꺼내 널고 말리는 일이 전부였습니다
—「마라의 지배」 부분

 의심과 미움이 차지해버린 가슴, 사랑했었던 기억마저 버리고 지우고 싶어서 그저 응어리 같았을 가슴, 한없이 무력해져서 그저 슬픔을 꺼내 볕 잘 드는 양지쪽이 아니라 음습한 그늘에 널어 말리는 시늉으로 아파했을 시인의 감성.

아파했던 기억 나무껍질처럼 벗으며 새순이 돋아날까요

고난 속에서 더 선명하게 살아내었던 기억
목숨이 있는 한 사랑은 덫이라서 사랑과 미움 교직되는 자리

발바닥에 미지의 무늬 새기듯 살아갑니다
—「마라의 지배」 부분

 세월은 약이며 마음을 치료하는 의사다. 신의 따뜻한 배려다. 그래서 우리는 거제수나무처럼 기억의 껍질을 벗으며 다시 사랑하고 살아갈 힘을 얻는다. 삶은 사랑과 미움이 교직되어 다양한 무늬를 엮어가는 한 편의 드라마이기 때문에.

발버둥 치면 칠수록 혼자서는 나오지 못하는 길이 있다
왼쪽으로 기우는 어깨를 넘어 누구인가의 다리가 필요하다
―「늪」부분

늪에 빠진 사람은 거기 구해줄 누가 없어도 허공으로 손을 내민다. 기다리고 기다려도 아무도 오지 않을 때 사람들은 누구나 자신의 슬픔과 고독 속에서 유령의 냄새를 맡는다.

도망치려 하면 할수록 더 깊어지는 숨소리 폄하된 모두를 버리고
스스로 만들어놓은 깊이는 아픔의 이끼로 남는다
―「늪」부분

여름 바다 앞에 겨울로 서 있다

돌고 돌아온 흰 파도
거친 물결로 이쪽에서 저쪽으로 가는 인생을 생각한다

흐르는 대로 흘러가라
폭풍우가 지나가기를 기다리고 있다
내가 가져온 빙산은 바닷속에 잠겨 있다
―「바다는 여름이었고 나는 겨울이었다」부분

동쪽은 부활의 푸른 방향이다. 바다는 그 넓은 품으로 모든 것을 받아 안는다. 그래서 모성의 원천이고 생명의 근원이다.

마음에 미움과 애증의 커다란 빙산이 만들어진 시인의 마음은 여름바다를 찾아간다.

바다 앞에 서면 사람은, 우리는 한없이 작아진다. 아무것도 걸치지 않은 여름 바다는 자유를 말한다. 네가 갖고 있는, 네가 여기까지 싸들고 온 고통 덩이는, 네 마음의 겨울은 아주 사소한 티끌이다. 다 지나가는 바람이다. 이 동해 바다 어디에 빙산이 있는가? 넓은 바다 앞에서 시인이 만든 빙산은 그 몸체가 한없이 축소된다. 밤바다 앞에서 먼 어촌의 정다운 불빛과 눈 초롱한 별빛은 도시의 골목에서 태어난 시인의 고통을 쓰다듬듯 위로한다. 마음의 빙산을 녹이고 빙하를 온전히 멈추게 할 수는 없었어도 시인의 귀가 발자국 소리는 다시 생기를 얻어 또각또각 도시의 보도를 울렸을 것이다.

4. 평화와 사랑의 집, 그러한 것이 그러하다

삶이 짧다고 말하지만 천천히 돌려보면 긴 여정이다. 쉽게 가까이 접근할 수 없는 산처럼, 읽기 난해한 책처럼 거기에 아버지는 있었다.

> 올라갈 수도 없는 산이라고 고개 숙이고 바라만 보며 살았는데
> 이젠 작은 오솔길에서 잡아보는 야윈 손
> ─「아버지를 읽다」 부분

늘 그만큼의 거리에서 오를 수도 가까이 갈 수도 없는 모습으로 듬직한 산 같기만 했던 아버지, 단풍이 산머리로부터 내려오듯 아버지 노화의 단풍은 머리가 하얗게 세고, 어깨와 손의 힘이 빠지고 걸음걸이가 구부정해지는 모습으로 어느 날 문득 자식들에게 다가와 연민을 부른다. 잡아본 아버지의 야윈 손, 거칠고 빠른 세상 물살을 헤치며 살아낸 삶의 역정을 고스란히 기록하고 있는 그 손, 시인은 그 손에서 노을에 젖은 고목 한 그루를 본다. 아버지가 마음 줄 한 가닥을 튕기시며 부르는 오래된 노래 한 가락, 들에서 숲으로 돌아가는 새들의 노래처럼 시인의 마음을 안쓰럽게 또는 쓸쓸하게도 하며 지는 노을 속에 하염없이 서있게 하지 않았을까?

>정확한 무게로 무섭기도 고요했던 그 자리에서
>한 권 책으로 낮잠을 자고 있다
>
>아버지를 몇 번이고 읽고 읽는다
>
>―「아버지를 읽다」 부분

아버지는 고단한 몸을 나무 밑 평상에 눕히시고 자신의 지나온 날의 삶의 기록들을 다시 넘겨보실 것이다. 생시이거나 꿈속에서거나 아버지 생의 남은 날들에 기록된 아버지의 책은 아버지 스스로 반복해 다시 읽고 읽으면서 성찰의 길을 걸으며 살아가실 것이다.

6월 속으로 왔다
　　아주 먼 곳에서 고요하고 당당히 왔다

　　깊은 호흡은 메아리가 생기지 않았다

　　가슴으로 품어서 소리가 나지 않았고
　　한 뿌리에 붉은 꽃말을 손으로 쥐고 있었다

　　잇몸이 야물어지고 하얀 이가 올라오고 흰 살에 뼈들이 자라
　　고
　　조금씩 손에 힘이 생기고 서투른 말로 문을 열어가고 있다
　　　　　　　　　　　　　　　　　　ㅡ「손자 하미니」 부분

　한 시대가 가면 새로운 시대가 열린다. 네 계절이 지나면 다시 봄이 오고 싹이 트고 꽃이 핀다. 시인의 집을 찾아온 첫 손자 하민이, 한 뿌리에 붉은 꽃말을 꼭 움켜쥐고서, 하얀 이가 올라오고, 뼈가 자라고, 조금씩 손에 힘이 생기는 하민이로 하여 꼼짝없이 할머니가 되었지만 너무 행복한 시인의 모습이 이 시를 통해 환하게 보인다.

　　달라진 것도 없이 달라질 마음도 없이
　　그런 사람으로 그냥 살아가고 있다
　　　　　　　　　　　　　　　　　　ㅡ「그러한 것이 그러하다」 부분

　삶은 노자의 말씀처럼 도와 같이 도를 따라 물같이 흐르는

것이며, 스스로 그러한 자연에 맡길 때 사람과 사람 사이 모든 갈등이 끝나게 되고, 우리 모두의 소망인 마음에 평화가 찾아온다. "화이부쟁 동이불화", 큰 사람들은 모두 생각이 달라도 화합하고, 작은 사람들은 생각이 같아도 화합하지 못한다. 이 시에는 현실을 달관한 노자의 사상이 담겨 있다. 무엇을 위해 무엇을 향해 우리는 안달복달하며 살아가야만 하는가? 이만큼 살아낸 이 생, 시인은 이제 그간의 살아온 날을 성찰하며 무욕의 삶을 살기를 결심한다.

> 걸어야 한다면 걸어가면 되고
> 달려가야 한다면 달려가면 되고
> 생각했던 것들은 꿈이 되고
> 이루었던 꿈들도 모래성이 되고
> ─「그러한 것이 그러하다」 부분

걸어야 한다면 걸으면 되고, 차를 타야 한다면 차를 타고 가면 되는 것이다. 밤새 뒤척이며 우리는 얼마나 많은 번민에 괴로워했던가? 하루 한 달, 또는 일 년을 넘어서도 살아남는 똑같은 번민이 우리에게 남아서 괴롭히는 일이 있던가? 사는 것은 모래성을 짓는 일이며 한바탕 꿈이다.

> 당신을 그저 기다립니다
> 기다림은 만나지 않고서는 끝나지 않는 것이어서
> 하루가 기다림이라도 익숙한 높이에도 주저하지 않으며

당신을 향한 기다림과 눈물은 빛나지 않아도 된다
　　　　　　　　　　―「그러한 것이 그러하다」 부분

　그래도 살아가는 일에 의미가 있다면 사랑하는 일이다. 그 누군가를 가슴을 졸이며 기다리고 그리워하는 일은 어쩌면 삶의 유일한 목적이며 유일한 생명의 길이 될 것이다. 그러나 남녀가 만나서 살며 사랑하는 일은 서로를 묶어주는 결속의 힘, 그 풀기가 너무 부족하다. 둘 사이에 작은 모래 한 알이 끼어들어도 금세 사이가 벌어지며 파탄이 난다. 기다림과 눈물 속에 감춰진 것은 시인이 말하지 않아도 사랑을 대체한 말일 것이며, 이 사랑만이 유일한 길임을 발견한 시인의 앞날에는 행복한 동반자가 보인다.

　시를 쓰시느라 여러 날 긴 시간 불면의 밤을 보내셨을 강최현숙 시인에게 진심 다해 위로와 시집 발간에 대한 축하의 말씀을 드립니다.

　　　　　　　　　　　　　　　　　具本槧 | 문학평론가·시인

푸른사상 시선

1. 광장으로 가는 길 | 이은봉·맹문재 엮음
2. 오두막 황제 | 조재훈
3. 첫눈 아침 | 이은봉
4. 어쩌다가 도둑이 되었나요 | 이봉형
5. 귀뚜라미 생포 작전 | 정원도
6. 파랑도에 빠지다 | 심인숙
7. 지붕의 등뼈 | 박승민
8. 살찐 슬픔으로 돌아다니다 | 송유미
9. 나를 두고 왔다 | 신승우
10. 거룩한 그물 | 조항록
11. 어둠의 얼굴 | 김석환
12. 영화처럼 | 최희철
13. 나는 너를 닮고 | 이선형
14. 철새의 일인칭 | 서상규
15. 죽은 물푸레나무에 대한 기억 | 권진희
16. 봄에 덧나다 | 조혜영
17. 무인 등대에서 휘파람 | 심창만
18. 물결무늬 손뼈 화석 | 이종섶
19. 맨드라미 꽃눈 | 김화정
20. 그때 나는 학교에 있었다 | 박영희
21. 달함지 | 이종수
22. 수선집 근처 | 전다형
23. 족보 | 이한걸
24. 부평 4공단 여공 | 정세훈
25. 음표들의 집 | 최기순
26. 나는 지금 운전 중 | 윤석산
27. 카페, 가난한 비 | 박석준
28. 아내의 수사법 | 권혁소
29. 그리움에는 바퀴가 달려 있다 | 김광렬
30. 올랜도 간다 | 한혜영
31. 오래된 숯가마 | 홍성운
32. 엄마, 엄마들 | 성향숙
33. 기룬 어린 양들 | 맹문재
34. 반국 노래자랑 | 정춘근
35. 여우비 간다 | 정진경
36. 목련 미용실 | 이순주
37. 세상을 박음질하다 | 정연홍
38. 나는 지금 외출 중 | 문영규
39. 안녕, 딜레마 | 정운희
40. 미안하다 | 육봉수
41. 엄마의 연애 | 유희주
42. 외포리의 갈매기 | 강 민
43. 기차 아래 사랑법 | 박관서
44. 괜찮아 | 최은묵
45. 우리집에 왜 왔니? | 박미라
46. 달팽이 뿔 | 김준태
47. 세온도를 그리다 | 정선호
48. 너덜겅 편지 | 김 완
49. 찬란한 봄날 | 김유섭
50. 웃는 짬뽕 | 신미균
51. 일인분이 일인분에게 | 김은정
52. 진뫼로 간다 | 김도수
53. 터무니 있다 | 오승철
54. 바람의 구문론 | 이종섶
55. 나는 나의 어머니가 되어 | 고현혜
56. 천만년이 내린다 | 유승도
57. 우포늪 | 손남숙
58. 봄들에서 | 정일남
59. 사람이나 꽃이나 | 채상근
60. 서리꽃은 왜 유리창에 피는가 | 임 윤
61. 마당 깊은 꽃집 | 이주희
62. 모래 마을에서 | 김광렬
63. 나는 소금쟁이다 | 조계숙
64. 역사를 외다 | 윤기묵
65. 돌의 연가 | 김석환
66. 숲 거울 | 차옥혜
67. 마네킹도 옷을 갈아입는다 | 정대호
68. 별자리 | 박경조
69. 눈물도 때로는 희망 | 조선남
70. 슬픈 레미콘 | 조 원
71. 여기 아닌 곳 | 조항록
72. 고래는 왜 강에서 죽었을까 | 제리안
73. 한생을 톡 토독 | 공혜경
74. 고갯길의 신화 | 김종상
75. 고개 숙인 모든 것 | 박노식
76. 너를 놓치다 | 정일관
77. 눈 뜨는 달력 | 김 선
78. 거꾸로 서서 생각합니다 | 송정섭

79 **시절을 털다** | 김금희
80 **발에 차이는 돌도 경전이다** | 김윤현
81 **성규의 집** | 정진남
82 **번함 공원에서 점을 보다** | 정선호
83 **내일은 무지개** | 김광렬
84 **빗방울 화석** | 원종태
85 **동백꽃 편지** | 김종숙
86 **달의 알리바이** | 김춘남
87 **사랑할 게 딱 하나만 있어라** | 김형미
88 **건너가는 시간** | 김황흠
89 **호박꽃 엄마** | 유순예
90 **아버지의 귀** | 박원희
91 **금왕을 찾아가며** | 전병호
92 **그대도 내겐 바람이다** | 임미리
93 **불가능을 검색한다** | 이인호
94 **너를 사랑하는 힘** | 안효희
95 **늦게나마 고마웠습니다** | 이은래
96 **버릴까** | 홍성운
97 **사막의 사랑** | 강계순
98 **베트남, 내가 두고 온 나라** | 김태수
99 **다시 첫사랑을 노래하다** | 신동원
100 **즐거운 광장** | 백무산 · 맹문재 엮음
101 **피어라 모든 사냥** | 김자흔
102 **염소와 꽃잎** | 유진택
103 **소란이 환하다** | 유희주
104 **생리대 사회학** | 안준철
105 **동태** | 박상화
106 **새벽에 깨어** | 여국현
107 **씨앗의 노래** | 차옥혜
108 **한 잎** | 권정수
109 **촛불을 든 아들에게** | 김창규
110 **얼굴, 잘 모르겠네** | 이복자
111 **너도꽃나무** | 김미선
112 **공중에 갇히다** | 김덕근
113 **새점을 치는 저녁** | 주영국
114 **노을의 시** | 권서각
115 **가로수의 수학 시간** | 오새미
116 **염소가 아니어서 다행이야** | 성향숙
117 **마지막 버스에서** | 허윤설
118 **장생포에서** | 황주경
119 **흰 말채나무의 시간** | 최기순
120 **을의 소심함에 대한 옹호** | 김민휴

121 **격렬한 대화** | 강태승
122 **시인은 무엇으로 사는가** | 강세환
123 **연두는 모른다** | 조규남
124 **시간의 색깔은 자신이 지향하는 빛깔로 간다** | 박석준
125 **뼈의 노래** | 김기홍
126 **가끔은 길이 없어도 가야 할 때가 있다** | 정대호
127 **중심은 비어 있었다** | 조성웅
128 **꽃나무가 중얼거렸다** | 신준수
129 **헬리패드에 서서** | 김용아
130 **유랑하는 달팽이** | 이기헌
131 **수제비 먹으러 가자는 말** | 이명윤
132 **단풍 콩잎 가족** | 이 철
133 **먼 길을 돌아왔네** | 서숙희
134 **새의 식사** | 김옥숙
135 **사북 골목에서** | 맹문재
136 **왜 네가 아니면 전부가 아닌지** | 정운희
137 **멸종위기종** | 원종태
138 **프엉꽃이 데려온 여름** | 박경자
139 **물소의 춤** | 강현숙
140 **목포, 에말이요** | 최기종
141 **식물성 구체시** | 고 원
142 **꼬치 아파** | 윤임수
143 **아득한 집** | 김정원
144 **여기가 막장이다** | 정연수
145 **곡선을 기르다** | 오새미
146 **사랑이 가끔 나를 애인이라고 부른다** | 서화성
147 **더글러스 퍼 널빤지에게** | 백수인
148 **나는 누구의 바깥에 서 있는 걸까** | 박은주
149 **풀이라서 다행이다** | 한영희
150 **가슴을 재다** | 박설희
151 **나무에 기대다** | 안준철
152 **속삭거려도 다 알아** | 유순예
153 **중딩들** | 이봉환
154 **수평은 동무가 참 많다** | 김정원
155 **황금 언덕의 시** | 김은정
156 **고요한 세계** | 유국환
157 **마스카라 지운 초승달** | 권위상
158 **수궁가 한 대목처럼** | 장우원
159 **목련 그늘** | 조용환
160 **그대라면, 무슨 부탁부터 하겠는가** | 박경조
161 **동행** | 박시교
162 **광부의 하늘이 무너졌다** | 성희직

163 **천년에 아흔아홉 번** | 김려원
164 **이별 후에 동네 한 바퀴** | 이인호
165 **무릉별유천지 사람들** | 이애리
166 **오늘의 지층** | 조숙향
167 **오른쪽 주머니에 사랑 있는 남자 찾기** | 김임선
168 **소리들** | 정 온
169 **울음의 기원** | 강태승
170 **눈 맑은 낙타를 만났다** | 함진원
171 **도살된 황소를 위한 기도** | 김옥성
172 **그날의 빨강** | 신수옥
173 **의지와 표상으로서의 세계이니** | 박석준
174 **촛불 하나가 등대처럼** | 윤기묵
175 **목을 꺾어 슬픔을 죽이다** | 김이하
176 **미시령** | 김 림
177 **소나무 방정식** | 오새미
178 **골목 수집가** | 추필숙
179 **지워진 길** | 임 윤
180 **달이 파먹다 남은 밤은 캄캄하다** | 조미희
181 **꽃도 서성일 시간이 필요하다** | 안준철
182 **안산행 열차를 기다린다** | 박봉규
183 **읽기 쉬운 마음** | 박병란
184 **그림자를 옮기는 시간** | 이미화
185 **햇볕 그 햇볕** | 황성용
186 **내가 지켜내려 했던 것들이 나를 지키고** | 김용아
187 **신을 잃어버렸어요** | 이성혜
188 **웃음과 울음 사이** | 윤재훈
189 **그 길이 불편하다** | 조혜영
190 **귤과 달과 그토록 많은 날들 속에서** | 홍순영
191 **버려진 말들 사이를 걷다** | 봉윤숙
192 **나는 그를 지우지 못한다** | 정원도
193 **시인 안에 북적이는 찌꺼기들** | 최일화
194 **세렝게티의 자비** | 전해윤
195 **고양이의 저녁** | 박원희
196 **고요한 세상의 쓸쓸함은 물밑 한 뼘 어디쯤일까** | 금시아
197 **순포라는 당신** | 이애리
198 **고요한 노동** | 정세훈
199 **별** | 정일관
200 **시간의 색깔은 꽃나무처럼 환하다** | 백무산·맹문재 엮음
201 **꽃에 쏘였다** | 이혜순
202 **우수와 오수 사이** | 이 윤
203 **열렬한 심혈관** | 양선주
204 **머문 날들이 많았다** | 박현우
205 **죄의 바탕과 바닥** | 강태승
206 **곰팡이도 꽃이다** | 윤기묵
207 **지팡이는 자꾸만 아버지를 껴입어** | 이혜민
208 **진뫼 오리길** | 김도수
209 **연하리를 닮다** | 정유경
210 **체위에 관한 질문** | 박미현
211 **고 씨의 평미레** | 이주희

숲속 헌책방에서

강최현숙 시집